いろんな人に聞いてみた

「なんでその仕事をえらんだの？」

JN091899

編著／ WILLこども知育研究所

もくじ

1 夢《ゆめ》なんてなくても自分の居心地《いごこち》のいい場所を選《えら》んだらいいんだよ

絵本作家 ヨシタケ シンスケさん …… 4

2 「ちがいに気づく力」が、より楽しいゲームを生みだす力になる！

ゲームクリエイター 桜井《さくらい》 政博《まさひろ》さん …… 12

コラム 仕事の意味がわからないとき… 心にぐっとくる　仕事名言集1 …… 20

3 なやんだときこそ、自分を信《しん》じてつき進もう！ GO《ゴー》！

戦場《せんじょう》カメラマン 渡部《わたなべ》 陽一《よういち》さん …… 22

4 全力でがんばることが夢《ゆめ》へのスタートライン！ 経験《けいけん》を力に変《か》えていこう！

弁護士《べんごし》 菊間《きくま》 千乃《ゆきの》さん …… 30

コラム 仕事の意味ってなんだ？ 持続可能《じぞくかのう》な仕事で世界をよくする！

コーヒー栽培技師《さいばいぎし》 José《ホセ》. 川島《かわしま》 良彰《よしあき》さん …… 38

5 大きな型《かた》にはまって、自分自身を大きく成長《せいちょう》させよう

狂言師《きょうげんし》 野村《のむら》 萬斎《まんさい》さん …… 42

6
不器用《ぶきよう》で才能《さいのう》がない……？
そんなのなくたってだいじょうぶだよ！

パティシエ
鎧塚《よろいづか》 俊彦《としひこ》さん …… 50

コラム
仕事の意味がわからないとき…
心にぐっとくる　仕事名言集2 …… 58

7
保育士《ほいくし》は、子どもの育ちと家族を支《ささ》える
かけがえのない仕事！

保育士《ほいくし》
てぃ先生《せんせい》 …… 60

8
コンプレックスが自分の武器《ぶき》に!?
思いきって世界を広げよう！

声優《せいゆう》
金田《かねだ》 朋子《ともこ》さん …… 68

コラム
仕事の意味ってなんだ？
自分が幸せになって、人も幸せにすること！
大学教員／企業《きぎょう》コンサルタント
澤《さわ》 円《まどか》さん …… 76

9
弱音はいてもいい！
でも、がんばる姿勢《しせい》は大事だよ

レスリング選手《せんしゅ》
吉田《よしだ》 沙保里《さおり》さん …… 80

10
得意《とくい》なことじゃなくて、
おもしろいことを選《えら》んだっていいんだよ

デザイナー
皆川《みながわ》 明《あきら》さん …… 88

ヨシタケ シンスケさん

ぼくが子どもだったころ
おーまーまごーとー!!
だから――!
なわとびするって言ってるでしょ!
やー～～
おままごと～!
シンスケお兄ちゃんは!?
えっ
どっちも楽しそうだなぁ～
1
2
3
4
ぼくは4人きょうだいの上から2番目
ただひとりの男の子で
おこられたりケンカしたりするのがイヤでまわりに合わせてばかりだった
平和が一番!
ごはんをたべたらなわとびのおしごとにいきましょうねパパ!!
はーい
オトナから見たら「協調性《きょうちょうせい》」があるいい子に見えたかもしれない
家族や学校に不満《ふまん》なんてなかったけど
宿題は?
明日の支度《したく》は?
片《かた》づけは?
やったよ
……
……おかしい

想《そう》像《ぞう》したことを形にしていくのっておもしろいよね

反抗期《はんこうき》が来ない！
ドーン
何も問題がないと ぎゃくに不安になるタイプ
中学生になっても 高校生になっても 反抗期《はんこうき》は来ず
このままオトナになって だいじょうぶか？ なんて思っていた
あれこれ想像《そうぞう》して 不安《ふあん》になる 性格《せいかく》だったんだ
ヨシタケ 将来《しょうらい》何したいの？
ぼくの「協調性《きょうちょうせい》」は ウラを返せば 「自主性《じしゅせい》」がないと いうことだった 自分で決めて責任《せきにん》を 取るのもこわかった のかもしれない
え〜 とくに…
ふーん
オレはねー
夢《ゆめ》かぁ
だれか決めて くれたらいいのに
SF《エスエフ》だって
GAOOO!
BANG!
じゅ
あれって どうやって つくるんだろ？
楽しそう だな…
ものづくりをする 職人《しょくにん》になりたくて 美術《びじゅつ》コースのある大学へ
美術《びじゅつ》大学より 受験《じゅけん》しやすそう だった
大学では 楽しくものづくり 人を喜《よろこ》ばせる 楽しみを知った
それから いろいろあって 絵本作家に
想像《そうぞう》したことを 形にしていくのって おもしろいよね

夢《ゆめ》なんてなくても自分の居心地《いごこち》のいい場所を選《えら》んだらいいんだよ

ポイント

1 子どものころはいろいろ想像《そうぞう》して不安《ふあん》でいっぱい

ネガティブで、大胆《だいたん》なことはせず、平凡《へいぼん》に生きていた。夢《ゆめ》なんて、とくになかったよ。

2 仕事をはじめたらストレスでつらくなっちゃった

自分に合わない仕事を選《えら》んだことで、つらくなった時期がある。好《す》きなこと、やりたいことに仕事を変《か》えたら、居心地《いごこち》がよくなった。

3 自分の居心地《いごこち》のいい場所を仕事にしたっていいんだ

夢《ゆめ》ややりたいことが、なくてもいい。居心地《いごこち》のいいほうに進んでいけばいいんだ。

自分の居心地《いごこち》のいいほうへ進めば、自分に合った仕事に出合えるよ

ヨシタケ シンスケさん

絵本作家

1973年、神奈川県《かながわけん》生まれ。『りんごかもしれない』（ブロンズ新社）で絵本作家デビュー。『もうぬげない』（ブロンズ新社）、『りゆうがあります』（PHP《ピーエイチピー》研究所）ほか著書《ちょしょ》多数。国内外で人気を集め、受賞《じゅしょう》も多数。

1 子どものころはいろいろ想像《そうぞう》して不安《ふあん》でいっぱい

子どものころのぼくは、あまえんぼうでこわがりで、いろいろなことが心配で、いつもなんとなく不安《ふあん》をかかえていました。といっても、子どものころ、こわい思いをしたり、つらい目や痛《いた》い目にあったことはありません。失敗《しっぱい》したからといって、

親にしかられたこともありません。それなのに、**なんでも不安《ふあん》に思ってしまうのは、何かで失敗《しっぱい》したらどうしよう、だれかにしかられたらどうしよう、思いもよらないことが起きたらどうしようと、ぼくが勝手に、先のことを悪いほうに想像《そうぞう》してばかりいたから**です。

そんなわけで子どものぼくは、人からしかられないように、責《せ》められないように、なるべく大胆《だいたん》なことはせずに生きていたんだと思います。

家には絵本や本がたくさんあったので、よく読んでいました。でも、作家になりたいと思ったことなんて、一度もありません。作家とかミュージシャンとか、何かを創作《そうさく》したり表現《ひょうげん》したりするのは、「おれには伝《つた》えたいことがある」「おれを見てくれ」「おれの話を聞いてくれ」という人がなる職業《しょくぎょう》だと思っていたし、ぼくにはまったく、そんな気持ちはなかったからです。

いつも何かしら不安《ふあん》だけど、すごくつらいことも起こらず、その代わり特別《とくべつ》うれしいこともない。高校生まではそんなふうに、平凡《へいぼん》に平凡《へいぼん》に過《す》ごしていました。でも、「生きるってこんなものだろう」と思っていたので、これから先もこんな感じなんだろうな、と思っていました。

しかし大学に入って、ぼくは目覚《めざ》めます。映画《えいが》の小道具をつくる職人《しょくにん》にぼんやりあこがれていたぼくは、美術《びじゅつ》コースのある大学に進み、物づくりの技術《ぎじゅつ》を身につけようと思っていました。しかし、大学の授業《じゅぎょう》では技術《ぎじゅつ》を教えてくれるわけではなく、

その代わり何をどうつくってもOK《オーケー》という自由なところでした。
　いろいろな人に聞いたり調べたりして技術《ぎじゅつ》を身につけながら、ぼくはまじめに課題《かだい》をこなしてものづくりにはげみました。すると、それを見た友だちが「いいね！」とぼくのつくったものをすごくおもしろがってくれたのです。ぼくはとてもうれしかったし、同時に目からウロコが落ちました。
　それまでぼくは、「作品」というものは、何か伝《つた》えたいことや、強いメッセージがなくてはいけないんじゃないかと思いこんでいましたが、自分がつくりたいようにつくった「作品」を発表してもいいんだと、はじめて知ったからです。

つくりたいように「作品」をつくる

そんな、自由な表現《ひょうげん》があってもいいんだ！

　自分のつくったものを人に見せる、見た人がそれを楽しんでくれる。そんなコミュニケーションを今までしたことがなかったので、「こんな楽しいことがあったなんて！」と、そこからぼくは、毎日とても楽しく物づくりに打ちこむようになりました。

2 仕事をはじめたら ストレスで つらくなっちゃった

　楽しい大学生活にも終わりが近づき、ぼくは仕事を探《さが》しはじめたのですが、映画《えいが》の小道具をつくる会社は、経験《けいけん》のない新人を募集《ぼしゅう》してはいませんでした。どうすればいいか、とほうに暮《く》れていたとき、同級生のひとりがゲーム会社に就職《しゅうしょく》を決めたことを知りました。ぼくは、なんだかすごくかっこいい気がして、「そうだ、ぼくもゲーム会社の社員になろう！」と、急にその気になって、就職試験《しゅうしょくしけん》を受けることにしたのです。

ぼくはゲームをしないし、ゲームセンターにも行ったことすらないのに、本当に勢《いきお》いで決めてしまった感じです。でも、「ゲームをよく知らないからこそ、何か新しいものをつくりだせるかも？」と、そのときは妙《みょう》にポジティブでした。

　運よく就職試験《しゅうしょくしけん》に合格《ごうかく》して、ゲーム会社で働《はたら》くことになったぼくですが、会社に入ってから出した企画《きかく》は、出すものすべて、「使えない」とボツになってしまうのです。

　ぼくは大学時代の経験《けいけん》から、自分のアイディアで人をおもしろがらせたり、喜《よろこ》んでもらったりするのが好《す》きでしたが、ぼくのつくるものは、見た人がニヤッとしたり、じわじわとおもしろがってくれたりするようなもの。ところが、ゲーム会社が求《もと》めるのは、人を興奮《こうふん》させるおもしろさ、楽しさです。だから、ぼくの企《き》画《かく》は、まったく通用しなかったのです。

　手応《てごた》えのない日々《ひび》に、しだいに会社へ行くのがつらくなり、ぼくはストレスでいっぱいになっていました。そのうち通勤《つうきん》電車の中では、手のひらに想像《そうぞう》で小人をつくりだそうと、じっと手を見つめ続《つづ》けるようになっていました。ここに想像《そうぞう》の世界の友だちをつくることができたら、会社に行くというつらい現実《げんじつ》をなんとか乗りこえられるんじゃないかと、本気で考えていたのです。ぼくは、かなり追いつめられていました。

　でも小人は現《あらわ》れず、会社にいる間は、企画《きかく》を考えるふりをして、ずっとノートに落書きをしていました。後ろを人が通ったらパッと手でかくせるような、とても小さい絵です。

　ぼくがいまだに大きな絵をかけないのは（ぼくの絵本は小さな絵を拡大《かくだい》して印刷《いんさつ》してもらっています）、このつらい日々《ひび》にたくさんの小さな落書きをかいていたからなのです。
　そんな毎日を過《す》ごしているうちに、大学時代の同級生が「いっしょに仕事をしてみない？」と声をかけてくれました。同級生は、広告《こうこく》に使う小道具などをつくる仕事をしていて、それを手伝《てつだ》ってほしいということでした。そしてこれこそ、ぼくがやってみたかった仕事です。新しい仕事は、物づくりを人に喜《よろこ》んでもらうことができる、とてもやりがいのある仕事でした。
　つらい会社員時代にたくさんたまった落書きは、せっかくなので冊《さっ》子《し》にして、ときどき開く個展《こてん》やグループ展《てん》で配りました。これが意外と評判《ひょうばん》がよくて、出版社《しゅっぱんしゃ》の人から、「このイラストを本にしませんか？」と、思いがけない依頼《いらい》をいただきました。出版《しゅっぱん》したはじめての『イラスト集』はあまり売れませんでしたが、それを見た人たちから、今度はイラストをかいてほしいとたのまれるようになり、イラストレーターとしても仕事をすることになったのです。

3 自分の居心地《いごこち》のいい場所を仕事にしたっていいんだ

ぼくのイラストは、「おもしろい」とは言われても、「うまい」と言われたことはなかったので、それまでイラストを仕事にしようと思ったことはありませんでした。でもはじめてみると、イラストレーターの仕事はとてもぼくに合っていました。

ぼくは絵をかくことは好《す》きだけど、それで世界に何かメッセージを伝《つた》えたいとは思っていなかったので、相手からテーマやお題をもらって、それに応《こた》えるイラストをかくというのがぴったりでした。

　仕事相手から「こんなイメージのイラストをお願《ねが》いします」と自分のところへ来た球を、「じゃあ、こんなふうにしたらおもしろいかな？」と打ち返し、「ここはちょっと変《か》えてください」という球が返ってきたら、「こんな感じでどうですか？」と修正《しゅうせい》してまた打ち返す。そういうやりとりをしながら、**出されたお題にていねいに応《こた》え、そして締《し》め切《き》りを守る。そんな仕事の仕方が、ぼくにとっては、ストレスのない、とても居心地《いごこち》のいいものでした。**

昼は広告《こうこく》の小道具をつくり、夜はイラストをかくという生活は、30代の終わりまで続《つづ》きました。そして40歳《さい》になるころ、今度は「絵本をつくりませんか？」という話が飛《と》びこんできたのです。それが、『りんごかもしれない』という絵本です。

　ぼくは、きっと絵本を出すなんて一生に一度だけだろうから、子どものころに自分が好《す》きだった絵本のいいところは全部入れ、イヤだった本の要素《ようそ》は絶対《ぜったい》に入れないようにし

お題をていねいに打ち返す

お願《ねが》いしま～す！
ヒュッ
お題
どう打ち返そうかな…？

そんなふうに仕事を積《つ》み重《かさ》ねる

て、記念《きねん》になる絵本をつくろうと思いました。

でも『りんごかもしれない』は、思いのほか評判《ひょうばん》がよく、2冊目《さつめ》、3冊目《さつめ》の依頼《いらい》が来て……もう10年ほど、絵本作家として仕事をしています。

子どものときから「○○になりたい」という夢《ゆめ》をもったことがないぼくですが、いろいろな仕事をしながら、ちょっとずつ、自分の好《す》きなこと、できそうなこと、そして居心地《いごこち》のいい場所に移動《いどう》しながら、たまたまの連続《れんぞく》で今があります。

だから「将来《しょうらい》の夢《ゆめ》」がなくて困《こま》っている人も、心配しなくてだいじょうぶ。**好《す》きなものがあれば追いかけてみるのもいいし、「これはイヤ」という消去法《しょうきょほう》で将来《しょうらい》を決めたっていい。**そしてもちろん、今すぐに決めなくたっていいのです。ぼくはしっかり夢《ゆめ》を決めて今の仕事をしているわけではなく、少しずつ、居心地《いごこち》のいい場所を選《えら》んでいたら、絵本作家になっていただけです。

でもぼくはやっぱり、絵本で何かうったえたいことがあるかというと、そうでもありません。ぼくは、ぼく自身の「松葉杖《まつばづえ》」をつくるような気持ちで絵本をかいています。

ネガティブな自分が、どんなことを言ってもらったら、ちょっと安心したり、楽しい気持ちになったりできるだろうか……。そんなことを日々《ひび》考えて、絵本にこめています。

そして、ぼくと同じような気持ちをかかえた人が、その松葉杖《まつばづえ》（絵本）を手に取ってくれたら、「どうぞ、どうぞ使ってみてください」と、ちょっとうれしい気持ちになるのです。

桜井政博さん

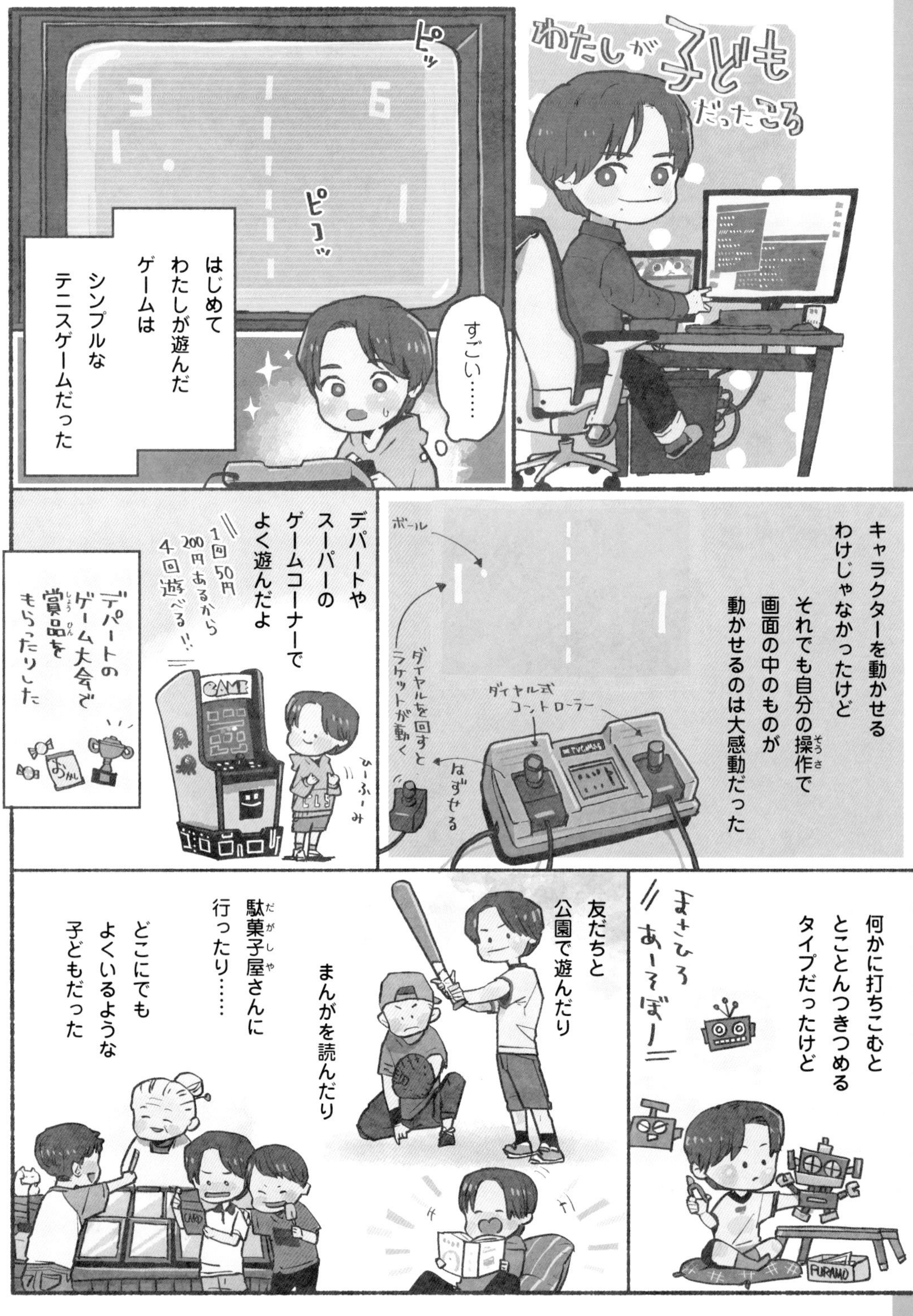
わたしが子どもだったころ
ピッ
ピコッ
すごい……
はじめて
わたしが遊んだ
ゲームは
シンプルな
テニスゲームだった
キャラクターを動かせる
わけじゃなかったけど
それでも自分の操作《そうさ》で
画面の中のものが
動かせるのは大感動だった
ボール
ダイヤル式
コントローラー
ダイヤルを回すと
ラケットが動く
はずせる
デパートや
スーパーの
ゲームコーナーで
よく遊んだよ
1回50円
200円あるから
4回遊べる!!
ひーふーみ
デパートの
ゲーム大会で
賞品《しょうひん》を
もらったりした
何かに打ちこむと
とことんつきつめる
タイプだったけど
まさひろ
あーそぼー
友だちと
公園で遊んだり
まんがを読んだり
駄菓子屋《だがしや》さんに
行ったり……
どこにでも
よくいるような
子どもだった

ゲームを遊び、学び、つくることに熱中《ねっちゅう》していった

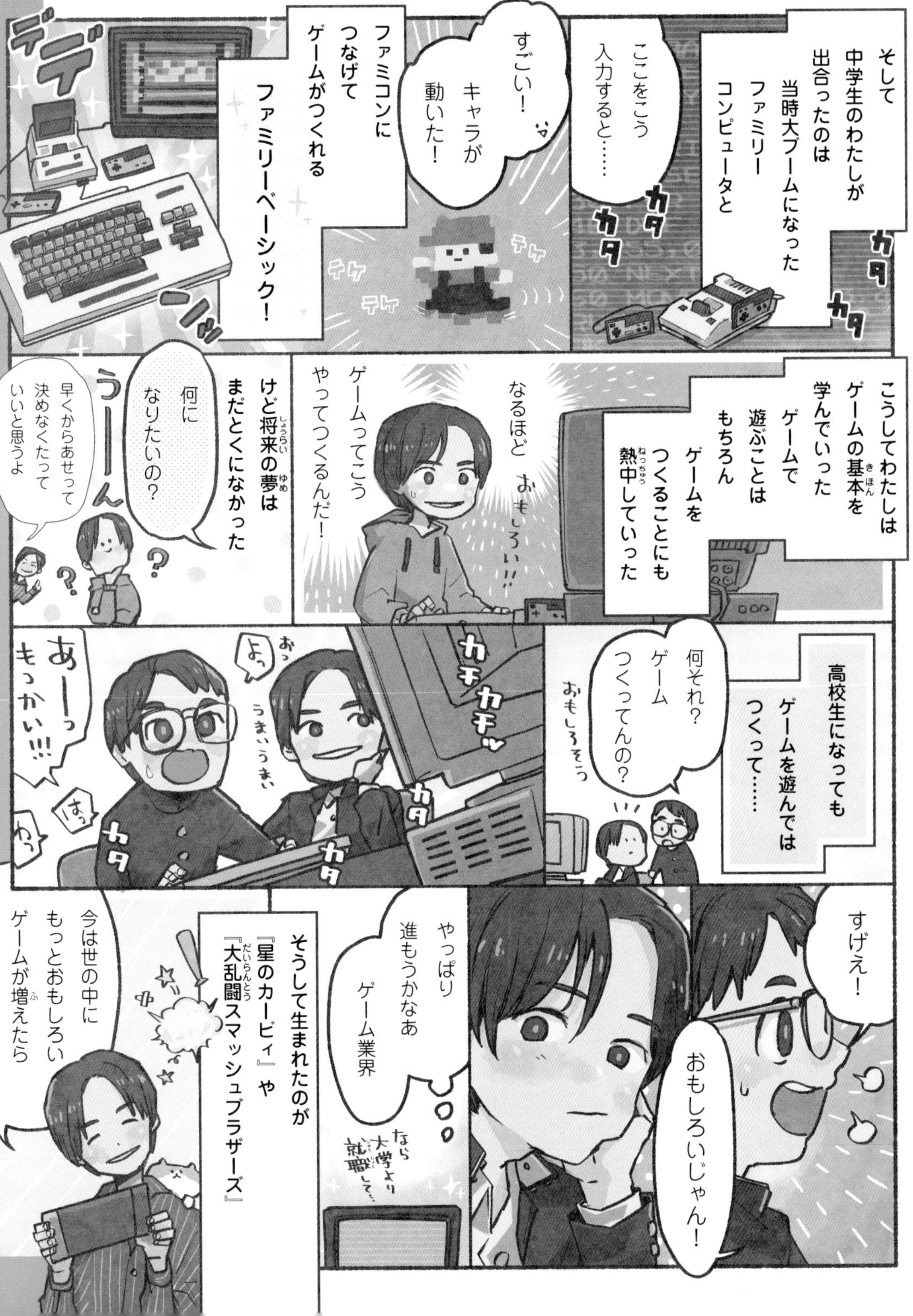

「ちがいに気づく力」が、より楽しいゲームを生みだす力になる！

ポイント

1 「ゲームで遊ぶのが好《す》き」な子どもから「ゲームをつくる人」に

ゲームで遊ぶうちに、学べることもたくさんある。
遊びから学ぶことが、仕事につながることもあるんだ。

2 ゲーム制作《せいさく》は、遊びをつくる仕事。でも仕事は遊びじゃない

自分が好《す》きなゲームをつくるわけじゃない。
どんな人に、どんな楽しさを届《とど》けられるか、
それが仕事としてゲームをつくる大事なこと。

3 ゲームクリエイターへのはじめの一歩は自分でつくってみること

つくってみなくちゃ、わからない。ゲームの個性《こせい》をみがくには、分析《ぶんせき》して考える力が必要《ひつよう》なんだ。

仕事にするなら、自分が楽しいだけじゃなく、だれかを楽しませることができないとね

桜井《さくらい》 政博《まさひろ》さん

ゲームクリエイター

1970年、東京都生まれ。「星のカービィ」シリーズ、「大乱闘《だいらんとう》スマッシュブラザーズ」シリーズのディレクターなどを務《つと》める。YouTube《ユーチューブ》チャンネル『桜井政博《さくらいまさひろ》のゲーム作るには』は登録者数《とうろくしゃすう》59万人をこえる人気番組。

1.「ゲームで遊ぶのが好《す》き」な子どもから「ゲームをつくる人」に

ファミリーコンピュータ（ファミコン）という最初《さいしょ》の家庭用ゲーム機《き》が登場したのは1983年のこと。それまではゲームセンターなどに置《お》いてあったアーケードゲームで遊んでいましたが、はじめて手にしたファミコンは、中学生のわたしにとって衝撃的《しょうげきてき》なものでした。

美しいグラフィック、高速でなめらかな画像処理《がぞうしょり》、音楽や効果音《こうかおん》、そして操作《そうさ》しやすいコントローラー。当時としては、ずばぬけてよくできていました。ファミコンソフトは、子どもには高価《こうか》でしたが、友だちと貸《か》し借《か》りしながらたくさんのゲームで遊びました。

そして翌年《よくとし》、ファミリーベーシックという周辺機器《しゅうへんきき》が登場します。これはファミコンとドッキングすることで、ファミコンをゲームパソコンとして使えるようになるという機器《きき》で、キャラクターの色を変《か》えたり、動かしたり、ミニゲームをつくったりすることができるものでした。

わたしは、半年分のおこづかいをためて、これを手に入れました。自分でゲームをつくろうとしたらパソコンが必要《ひつよう》ですが、当時はまだパソコンが数十万円もする時代。中学生が手に入れられるものではなく、そもそも当時のわたしは、自分で本格《ほんかく》的《てき》にゲームをつくろうとは思ってもいなかったのです。

遊びから学ぶことも、たくさんある

わたしはゲームをもっと楽しむために、簡単《かんたん》なプログラムを組んでゲームの背景《はいけい》やキャラクターをつくったり動かしたりして遊びました。そのうちに、ゲームづくりに関《かん》するたくさんのことを学んでいったのです。

やがて高校生になり、友だちのポケコン（ポケットコンピュータ＝携《けい》帯用《たいよう》の小型《こがた》コンピュータ）を借《か》りて、シューティングゲームをつくったり、ゲームのアイディアコンテストで入賞《にゅうしょう》したりするようになりました。このころには、ゲームづくりは、わたしのちょっとした特技《とくぎ》になっていました。それで、「自分にはゲームをつくる仕事ができるかもしれない」と思うようになり、卒業後《そつぎょうご》の進路としてゲーム会社に就職《しゅうしょく》することを考えはじめたのです。

そこからはとにかくアルバイトをしてゲームをたくさん買い、それを

分析《ぶんせき》することで、よしあしを知る

やりこみました。おもしろいゲーム、興味《きょうみ》のあるゲームに限《かぎ》らず、むしろつまらないと評判《ひょうばん》のものもたくさんやりました。

「クソゲー」なんて言葉がありますが、制作者《せいさくしゃ》はだれだっておもしろくないゲームをつくりたいわけはありません。だけどそういう作品ができてしまう。「それはなぜ？」と、それぞれのゲームを分析《ぶんせき》しながら、いろいろな作品を見ることで自分のものにしていこうと思ったわけです。ゲームをとにかくたくさんやるということについては、社会人になってからもずっと続《つづ》けている習慣《しゅうかん》です。

今思うのは、もし中学生のわたしがファミリーベーシックにふれていなければ、ゲーム業界で働《はたら》きたいと思うようにはならなかったかもしれないな、ということ。そうすると、わたしがつくることになる『星のカービィ』も『大乱闘《だいらんとう》スマッシュブラザーズ』も生まれていなかったのかなと思うと、ちょっと不思議《ふしぎ》な気持ちがします。

2 ゲーム制作《せいさく》は、遊びをつくる仕事。でも仕事は遊びじゃない

今は働《はたら》く人も、働《はたら》くことを目指す人も多くなったゲーム業界ですが、わたしが働《はたら》きはじめたころはまだまだ小さな世界でした。

　わたしはゲーム会社に就職《しゅうしょく》したものの、将来《しょうらい》ゲームディレクターになりたいと決めていたわけではありません。当時はそもそも、ゲームディレクターという仕事はあいまいでした。ゲーム全体を見わたすだけのディレクター専属《せんぞく》は、まだ少ない時代でした。

　そんなわけで、わたしが『星のカービィ』の企画《きかく》を出し、そのアイディアが認《みと》められて制作《せいさく》がはじまると、19歳《さい》の新人のわたしがディレクターを務《つと》めることになったのです。今では考えられないことです。

　6人くらいの小さな開発チームだったので、なんでもやりました。デザインの勉強をしたことはなかったけれど、カービィのデザインもわたしがかいたのです。そして、いろいろなゲームをやりこんで学んだ、操作《そうさ》のしやすさ、もっと遊びたいと思わせるしかけをふんだんに盛《も》りこんでいきました。

　そうしてできた『星のカービィ』1作目は、わたしが21歳《さい》のときに発売され、全世界で500万本をこえる大ヒット作となりました。その後、会社を退職《たいしょく》して独立《どくりつ》しましたが、わたしはそのまま今日まで、ゲームをつくり続《つづ》けています。

「どうしてこの仕事をしているの？」と聞かれたら、わたしは「ゲームが好《す》きだから」ではなく、「これがもっとも自分の得意《とくい》とする仕事だと思うから」と答えます。

　もちろんわたしのスタート地点は、はじめてテレビゲームにさわったときの感動や、プログラムを組めば画面の中にさまざまな世界をつくり上げられるという楽しさです。でも、それ以上《いじょう》に、自分のつくったゲームで遊んだ人が「おもしろい」と言ってくれることはとても大きな喜《よろこ》びで、それが仕事の原動力になっています。

　ゲームづくりはたしかに「遊びをつくる」仕事ですが、やはり仕事は遊びではありません。趣味《しゅみ》でつくるものならともかく、商品として売る以上《いじょう》は、かならず「仕事」として考えなければいけないと思うのです。

　たとえば『星のカービィ』は、ゲーム初心者《しょしんしゃ》でも、楽しく簡単《かんたん》に遊べるようなものをつくりたい、という思いから企画《きかく》をスタートさせました。

　ファミコン時代の後半には、少ないデータ容量《ようりょう》の中で長時間楽しませるために、何度も何度も同じような場面をくり返させるようなゲームが増《ふ》え、難易度《なんいど》も高くなっていました。しかしそれでは、初心者《しょしんしゃ》は楽しめません。

　わたし自身はゲームをやりこんできたゲーマーでしたが、自分の好《す》きなタイプのゲームや人気のあるゲームの後追いをして、レッドオーシャン（競争《きょうそう》相手が非常《ひじょう》に多く、競《きょう》争《そう》が大変《たいへん》な状態《じょうたい》）に飛《と》びこむより、人のいないところにこそ仕事としてのねらい目があると考えました。

　そのときから、そして今でも、ゲームをつくるときには、自分が楽しいかどうかではなく、プレイするお客さんが楽しいかどうかを一番に考えています。

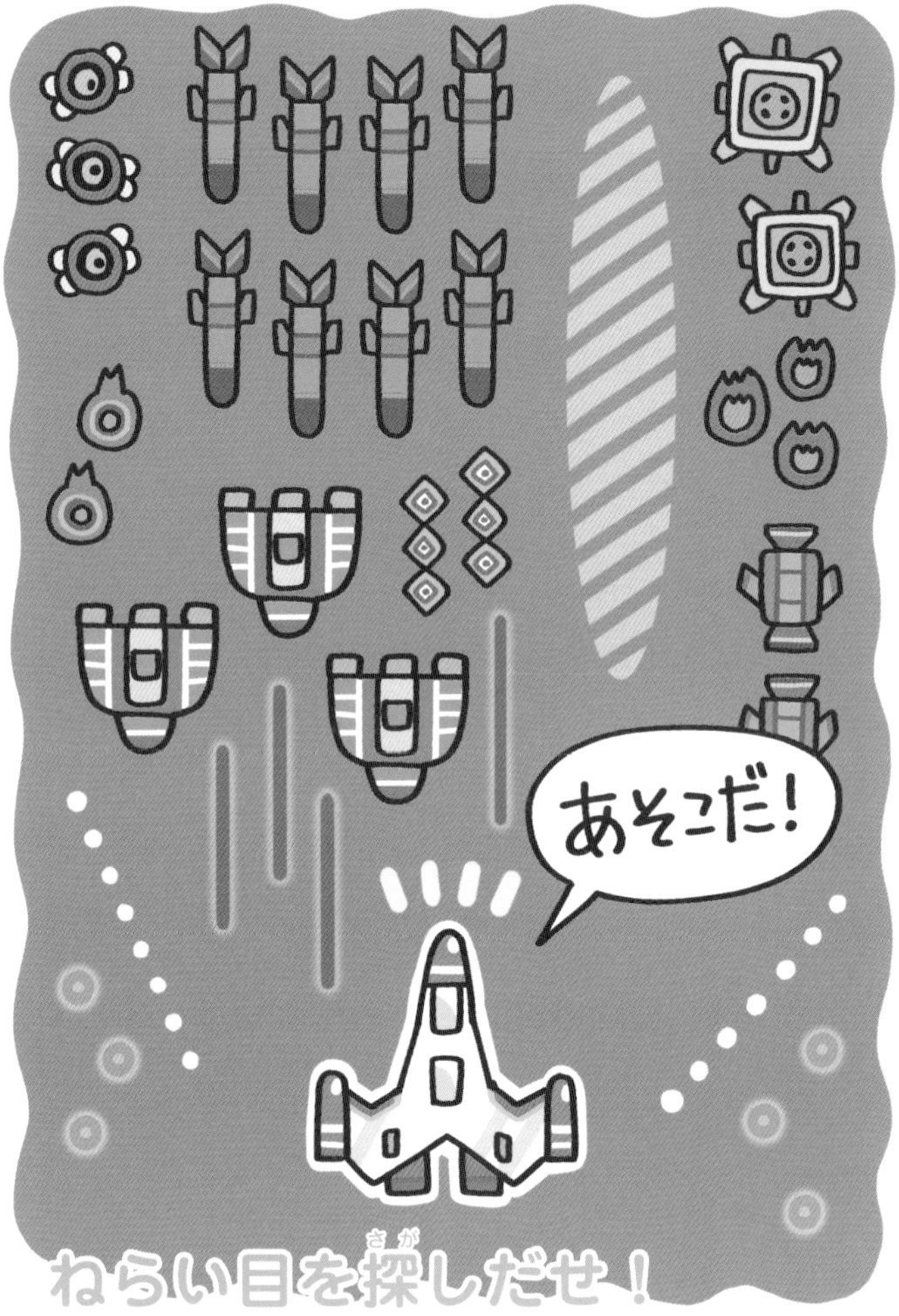
あそこだ！
ねらい目を探《さが》しだせ！

　自分の好《す》きなこと、楽しいこと、信《しん》じるものだけを全力で追求《ついきゅう》して仕事にするという生き方もあります。でも、だれかのために、自分の役割《やくわり》として仕事をしている人も、世の中にはたくさんいます。わたしはそのタイプです。自分の特技《とくぎ》を生かして、ゲームという商品で、お客さんに楽しい時間を届《とど》けているのだと思っています。

3 ゲームクリエイターへのはじめの一歩は自分でつくってみること

　将来《しょうらい》ゲームクリエイターになりたい人は、とにかく何本かゲームをつくってみたらよいと思います。今はゲームをつくる方法《ほうほう》なんて、山ほどありますからね。つくったらだれかに遊んでもらって、反応《はんのう》を見ながらよりよくしていきましょう。はじめから大がかりなゲームをつくろうとすると、投げだしてしまうかもしれません。ミニゲームをたくさんつくりながら、あれこれ試《ため》してみるのがゲームづくりを学ぶ近道だと思います。

それが最初《さいしょ》の一歩。そこからはゲームの個性《こせい》をみがいていくのです。そのゲームをなぜおもしろいと感じたのか、あるいはなぜつまらなかったのかと考え直します。よい点を見つけたら、それがほかと同じようにならないように工夫《くふう》したり、新しいものをプラスしてより楽しくしたりしていきます。

すでに世の中にあるものと同じものをつくっても意味がありません。後追いをしても、本家をこえることはできないからです。好《す》きなゲームをまねしてつくりはじめるのはOK《オーケー》ですが、最終的《さいしゅうてき》にはそのゲームならではの個性《こせい》を出さなければいけないのです。

個性《こせい》のあるゲームをつくるには、自分自身も個性的《こせいてき》でなければならないかというと、そんなことはありません。

わたしだって、そんなに個性的《こせいてき》な人間ではないと思います。個性《こせい》のあるゲームをつくり上げるには、「何かを感じ取る力」が必要《ひつよう》なのだと思います。

ゲームであれば、グラフィックや音、操作性《そうさせい》など、さまざまなことのちがいに気づき、細かく分析《ぶんせき》し、自分なりの考えをもって、ほかとちがう新しいものをつくれるかということです。

同じものを見ても、細かいことに気づく人と、そうでない人がいるものです。どんなことでもよいので、そのちがいに気づく力を養《やしな》うことが大事です。それがゲームであってもなくても、わたしはよいと思っています。

小さなちがいも
見落とさない！

とはいえ、子どもがゲームばかりしていたら、不安《ふあん》になってしまうオトナの気持ちもわかる気がします。もしあなたがそんな状態《じょうたい》だったとしたら、あなたがゲームを通して得《え》た楽しさ、喜《よろこ》び、そこで考えたこと、学んだことをオトナと話してみたらよいのかもしれません。もちろん、ゲームばかりやっていることを許《ゆる》してくれるとは思いませんが、「この子はこんなことを考えているんだな」と納得《なっとく》してくれる部分もあるでしょう。

そうやって考えたり、伝《つた》えたりすることが、将来《しょうらい》、かならず仕事で役に立っていくと思います。

子どものころ、ゲームを楽しんでいたわたしが、ゲームのつくり手になって、どこかのだれかの人生に少し影響《えいきょう》をあたえているのかと思うと、不思議《ふしぎ》な気持ちがします。ゲームを通して、だれかが楽しんでくれる、それがわたしのただひとつの願《ねが》いです。

心にぐっとくる仕事名言集1

仕事の意味がわからないとき…

我々《われわれ》の目的《もくてき》は成功《せいこう》ではなく、失敗《しっぱい》にたゆまずして進むことである。

だれでも、何かをするなら成功《せいこう》したい、よい結果《けっか》を出したいと思っているでしょう。でも、いつもかならず成功《せいこう》するわけではありません。この言葉を残《のこ》した偉人《いじん》だって、たくさんの失敗《しっぱい》を経験《けいけん》しています。

失敗《しっぱい》したからあきらめるのではなく、考えぬいて前に進むことが、成《せい》功《こう》に近づく、たったひとつの方法《ほうほう》です。失敗《しっぱい》したということは、あなたがチャレンジした証《あかし》。胸《むね》を張《は》って、どんどん失敗《しっぱい》してよいのです。

スティーブンソン

18～19世紀《せいき》のイギリスの土木・機械技術者《きかいぎじゅつしゃ》。

やっぱりうまくかけない……
うーん
もうやめちゃおうかな
でもな、もっとうまくなりたい
もう少しがんばってみよう
メラ
メラ
今日は目がうまくかけた！
ムム…
でも手はいまいち……明日がんばろう
数年後
コミック新人賞受賞式《しょうじゅしょうしき》
コツコツ続《つづ》けていたからうまくなれた！

すべて物をはげむには競《きそ》うということが必要《ひつよう》であって、競《きそ》うからはげみが生ずるのである。

スポーツでも勉強でも仕事でも、ひとりでがんばるのは思ったよりもつらいものです。比《くら》べる相手がいないと、自分がどれくらい上達《じょうたつ》したのかわからないし、ひとりだとくじけてしまうかもしれないからです。

「切磋琢磨《せっさたくま》」という言葉がある通り、仲間《なかま》と競《きそ》ってがんばっていれば、ひとりでやるよりも速いスピードで上達《じょうたつ》していきます。いっしょにがんばれる仲間《なかま》を見つけることも、がんばり続《つづ》けるコツかもしれません。

渋沢《しぶさわ》 栄一《えいいち》

19～20世紀《せいき》の日本の実業家。

今日は れいちゃんには 負けないぞ
わたしだって！
よーい ドン!!
やったー！ 勝った～！
くそ～っ
次は 負けないよ！
ゴール!!
次の日
今日は わたしの勝ち！
フフ。
次回は また勝つ！ がんばるぞ～！
うおおお～!!
ふたりは ぐんぐん 速くなるなぁ
ピュー！

渡《わた》部《なべ》 陽《よう》一《いち》さん

一瞬《いっしゅん》を見のがさず、体と心と技《わざ》のすべてを注ぎこむ

なやんだときこそ、自分を信《しん》じてつき進もう！GO《ゴー》！

ポイント

1 世界の現状《げんじょう》と そこに暮《く》らす人の姿《すがた》を伝《つた》えたい

平和な日本ではわからない、世界で起こっている出来事を伝《つた》えるため、ぼくは戦場《せんじょう》カメラマンになった。

2 仕事を成功《せいこう》させるには、準備《じゅんび》をきちんとやっておくこと

危険《きけん》に飛《と》びこんでばかりが、カメラマンの仕事ではない。準備《じゅんび》をしっかりして、仕事を成功《せいこう》に導《みちび》くのが、もっとも大事なことなんだ。

3 むだなことはひとつもない！ なやんだときこそGO《ゴー》！

自分の「やってみたい」気持ちを信《しん》じて、進もう。自分のリズムで、好《す》きな道を、どんどん歩いていってほしい。

自分のリズムで、
好《す》きな道を進んでいこう。
それが、自分の人生を
歩くってことなんだ

渡部《わたなべ》 陽一《よういち》さん
戦場《せんじょう》カメラマン

1972年、静岡県《しずおかけん》生まれ。大学時代、アフリカに単独《たんどく》で旅をしたことが、戦場《せんじょう》カメラマンになるきっかけに。以来《いらい》、世界中の紛争地帯《ふんそうちたい》を取材《しゅざい》し続《つづ》けている。『晴れ、そしてミサイル』（ディスカヴァー・トゥエンティワン）ほか著書《ちょしょ》多数。

1 世界の現状《げんじょう》とそこに暮《く》らす人の姿《すがた》を伝《つた》えたい

大学1年生のときに受けた生物学の授業《じゅぎょう》で、ぼくははじめてアフリカの狩猟採集民族《しゅりょうさいしゅうみんぞく》・ピグミーのことを知りました。ピグミーは、今も手《て》製《せい》の弓矢や槍《やり》で動物をかりながら、ジャングルの中で暮《く》らしている小柄《こがら》な人たちです。その話を授業《じゅぎょう》で聞いたとき、同じ世界に暮《く》らしながら、自分とまったく異《こと》なる生活をしている人たちがいるということに、胸《むね》がわくわくしました。

そのわくわくがふくらんで、「どうしてもかれらに会ってみたい！」という気持ちがおさえられなくなったぼくは、アルバイトで貯《た》めたお金をはたいて、カメラを片手《かたて》にザイール（現在《げんざい》のコンゴ民《みん》主共和国《しゅきょうわこく》）に向かったのです。

これは、ぼくのはじめての海外旅行でした。ピグミーの人たちが住むところまでは、ジャングルの中を数か月も歩いていかなければなりません。高さ20メートルをこえる巨木《きょぼく》が太陽の光をさえぎる森の中は暗く、空気は湿気《しっけ》でねっとりとしています。時折《ときおり》、動物や鳥の鳴き声がひびくのですが、あまりにも巨大《きょだい》な木々《きぎ》と森の闇《やみ》に囲《かこ》まれて、遠近感も方向感覚《かんかく》も失《うしな》われ、動物がどこにいるのかはもちろん、自分がどこにいるのかもわかりません。それはものすごい衝撃《しょうげき》と恐怖《きょうふ》でした。

途中《とちゅう》で出合ったトラックに乗せてもらって、ジャングルの中を移動《いどう》したのですが、ある日、銃《じゅう》をうちながら近づいてきた少年ゲリラに取り囲《かこ》まれてしまいました。立ち上がれなくなるまで何度も何度も銃《じゅう》の持ち手でなぐられ、トラックの積荷《つみに》もぼくのカメラもうばわれてしまいました。

当時、となりのルワンダで起きていた、ツチ人とフツ人による激《はげ》しい

内戦《ないせん》は、ブルンジやザイールなどまわりの国々《くにぐに》も巻《ま》きこみ、アフリカ史《し》上最悪《じょうさいあく》と言われる100万人《まんにん》以上《いじょう》の犠牲者《ぎせいしゃ》を出していました。しかしそんな状況《じょうきょう》を何も知らず、ぼくはそのまっただ中に飛《と》びこんでいたのです。

　日本から遠くはなれた森の中で、こんなおそろしいことがくり返されている。恐怖《きょうふ》と怒《いか》りにふるえながら日本にもどったぼくは、そのことを家族や友だちに必死《ひっし》に伝《つた》えたのですが、日本とはあまりにもかけはなれたこの状況《じょうきょう》を、本当に理解《りかい》してもらうことはできませんでした。

　しかしアフリカで味わった「死ぬかもしれない」と思うほどの恐怖《きょうふ》と、旅の間に出会ったたくさんの子どもたち、食べ物を分けてくれたり、助けてくれたりした人々《ひとびと》の笑《え》顔《がお》、そして悲しそうな顔が、ぼくの心の中から消えることはありませんでした。

悲惨《ひさん》な戦闘《せんとう》と、そこで暮《く》らしている人々《ひとびと》の思い、そして子どもたちの声をみんなに届《とど》けたい。そして何よりも、あの人たちにもう一度会いたい。そんな気持ちが、ぼくをふたたびアフリカに向かわせたのです。言葉だけで伝《つた》わらないなら写真で伝《つた》えようと、ぼくは報道《ほうどう》カメラマンになることを決意したのでした。

2 仕事を成功《せいこう》させるには、準備《じゅんび》をきちんとやっておくこと

以来《いらい》ぼくは、フリーランス（会社に所属《しょぞく》しない）のカメラマンとして31年間、約《やく》130か国の戦場《せんじょう》を取材《しゅざい》してきました。

　戦場《せんじょう》カメラマンというと、危険《きけん》な地雷原《じらいげん》にひとりで降《お》り立ち、爆発《ばくはつ》や銃弾《じゅうだん》をよけながら写真をとる、危険《きけん》と背中合《せなかあ》わせの仕事というイメージがあるかもしれません。しかし、ぼくたちカメラマンや世界中の報道《ほうどう》記者たちは、ひとりで紛争地《ふんそうち》を取材《しゅざい》するようなことは、絶対《ぜったい》にしません。

　現地《げんち》にくわしいガイドと通訳《つうやく》、セキュリティー（危機管理者《ききかんりしゃ》）などの最低《さいてい》4人でチームを組んで、万が一を想定していくつかの避難経路《ひなんけいろ》を確《かく》保《ほ》したり、取材《しゅざい》や避難《ひなん》での行動を支《し》援《えん》したりしてくれる現地《げんち》の人と親密《しんみつ》な関係《かんけい》をつくったり、検問《けんもん》を通るための取《しゅ》材許可証《ざいきょかしょう》を取ったりと、万全《ばんぜん》の準備《じゅんび》を整えて行動します。

仲間《なかま》や協力者《きょうりょくしゃ》を増《ふ》やして

仕事のうち、約《やく》80パーセントはこうした段取《だんど》りや準備《じゅんび》で、残《のこ》りの20パーセントが現地《げんち》での移動《いどう》や取材《しゅざい》、インタビューです。現地《げんち》で取材《しゅざい》をするだけでなく、生きて情報《じょうほう》を持って帰ってくることも大事な仕事だからです。

20代のころには、情熱《じょうねつ》と勢《いきお》いだけで前へ前へと進み、前線に立つ兵士《へいし》よりも前に出て兵士《へいし》の顔を写真にとったり、地雷原《じらいげん》にふみこんだり、ちょっと無謀《むぼう》な取材《しゅざい》をしたこともありました。しかしそんなふうにしていると、ケガや病気をしたり、カメラ機材《きざい》をすべてうばわれたりこわされたり、トラブルに巻《ま》きこまれて取材《しゅざい》そのものが成立《せいりつ》しないことも少なくありませんでした。

きちんと取材《しゅざい》をして、安全に日本へもどり、現地《げんち》の声をしっかり伝《つた》える。そのためには正しい方法《ほうほう》で、

じっくり準備《じゅんび》することが成功《せいこう》のカギ！

十分な時間をかけて準備《じゅんび》を整え、現地《げんち》の人には敬意《けいい》をもって接《せっ》し、そして確《たし》かな信頼関係《しんらいかんけい》を築《きず》くことがとても重要《じゅうよう》です。それは、戦場《せんじょう》の取材《しゅざい》が、じつは「待つ」仕事だからです。

戦争《せんそう》ではいつも戦闘《せんとう》があるわけではなく、パッと戦闘《せんとう》が起きて、また静《しず》かになってのくり返しです。ぼくたちは現地《げんち》で、ときには何か月も暮《く》らしながら、戦闘《せんとう》にかちあったときに写真をとるのですが、この「かちあう」ことが、じつはとても難《むずか》しいのです。待って待って、「そのとき」をのがさないように動くのは、子ども時代のつりの当たりを待っているときの心境《しんきょう》と似《に》ています。

周囲《しゅうい》の動きや動揺《どうよう》に左右されず、平常心《へいじょうしん》で準備《じゅんび》を整えながら、現地《げんち》の人々《ひとびと》の暮《く》らしに静《しず》かにとけこみ、いざ動きがあったときには、そこに気持ちと体と技術《ぎじゅつ》のすべてを注ぎこむ。これはつりに熱中《ねっちゅう》していた小学校時代から、ぼくが好《す》きな時間であり、スタイルです。

あせらず待つことも仕事のうち

3 むだなことはひとつもない! なやんだときこそGO《ゴー》!

ぼくはフリーランスのカメラマンなので、取材《しゅざい》にかかる経費《けいひ》（航空券《こうくうけん》や滞在費《たいざいひ》、ガイドさんたちにはらうお金）や取材《しゅざい》の計画、写真の発表の仕方まで、すべてを自分で管理《かんり》しています。

そのため、ときには、資金的《しきんてき》に厳《きび》しいから今回はやめようかなとか、今さら行ってもしかたないのではないかとか、ここへ行っても今の日本の状況《じょうきょう》では写真を使ってもらえないかもしれないなど、取材《しゅざい》に出るのを迷《まよ》うことがあります。しかし今は「なやんだときこそ、GO《ゴー》!」と、自分にGO《ゴー》サインを出しています。

というのは、31年間の取材《しゅざい》を通して、失敗《しっぱい》はあったとしても、むだなことは一度もなかったからです。どこに行ってもかならず現地《げんち》の方の強い思いと、ぼくの「伝《つた》えたい」気持ちがからみあって、心に残《のこ》る取材《しゅざい》をすることができました。そして行ってもしょうがないんじゃないか、行くのをやめようか、と思った国の取材《しゅざい》ほど、今ではぼくの大切な核《かく》になっていることもあるのです。

だから、なやんだときこそGO《ゴー》! これは何も考えずつっこんでいけということではなく、自分が好《す》きな世界に素直《すなお》な気持ちで向きあい、好《す》きなことはためらわずどんどんやってみよう、ということです。苦しいとき、なやんだとき、迷《まよ》ったとき、「どうしよう?」と思ったときこそやってみるのです。

一歩ふみだした瞬間《しゅんかん》に、そこにはきっと熱《あつ》くて強い風がふいてきます。そして、モヤモヤと不安《ふあん》に思っていた自分、やってもしょうがないと思っていた自分の中に、自分だけが感じ取れる「元気が出る大事なスイッチ」があることに気づかせてくれるのです。

そうしたらそのスイッチをオンにして、本来の自分からわき上がってくる素直《すなお》な感覚《かんかく》、そして自分のリズムで、自分の好《す》きなその道を、どんどん歩いていってほしいと思うのです。

みなさんがどんな仕事についたとしても、その感覚《かんかく》をもっていれば、進むべき道が見えてきます。そうすれば、自分自身の人生を、歩んでいくことができると思います。

なやんだときこそGO《ゴー》!
どれが正《せい》解《かい》…?
よし!コッチだ!!
やった!
自分を信《しん》じて進もう!

菊《きく》間《ま》 千《ゆき》乃《の》さん

わたしが子どもだったころ
タッタッタッタッ
わたしは毎日いそがしかった
今日も元気ねぇ
おはよ
おはようございます！
たとえば夏休み
予定はぎっしりつめこむタイプ
5:00 AM
近所のマラソン練習に参加《さんか》
6:00 AM
ラジオ体操《たいそう》
NATSU YASUMI
7:00 AM
朝食
9:00 AM
友だちと図書館
ZUKAN
12:00 AM
昼食
1:00 PM
友だちと学校のプール
3:00 PM
バレーボールの練習
当時はやっていたスポーツアニメが大好《だいす》きでまるで自分のことのようにハマっていた。
ガンバレ…
プルプル
5:30 PM
学習塾《じゅく》
8:30 PM
夕食後犬の散歩《さんぽ》
9:30 PM
寝《ね》る準備《じゅんび》

やりたいことはあきらめない！　だって全部楽しいから

全力でがんばることが 夢《ゆめ》へのスタートライン！ 経験《けいけん》を力に変《か》えていこう！

ポイント

1 夢《ゆめ》のきっかけは単純《たんじゅん》。でも、なりたい理由は変《か》わっていった！

将来《しょうらい》の夢《ゆめ》は、単純《たんじゅん》な「なりたい」でもいい。気にして見ていると、いろいろなみりょくに気づくかも。

2 目標《もくひょう》に向かってあがく日々《ひび》が、夢《ゆめ》を実現《じつげん》する力になった！

全力でがんばることが、夢《ゆめ》へのスタートラインにつくこと。がんばっているうちに、身につくものがたくさんあるよ。

3 やりたいことは何ひとつあきらめなくていい

仕事はひとつに決めなくてもいい。仕事で得《え》た経験《けいけん》は、まったくちがう仕事についても役立つ！

一生懸命《いっしょうけんめい》やって得《え》たたくさんの経験《けいけん》は、どんなことにでも役立つよ！

菊間《きくま》 千乃《ゆきの》さん
弁護士《べんごし》

1972 年、東京都生まれ。フジテレビアナウンサーとしてバラエティや情報《じょうほう》・スポーツ番組などで活躍後《かつやくご》、司法試験《じほうしけん》の勉強に専念《せんねん》するため退社《たいしゃ》。2010 年から弁護士《べんごし》に。『私《わたし》が弁護士《べんごし》になるまで』（文春文庫）ほか著書《ちょしょ》も多い。

1 夢《ゆめ》のきっかけは単純《たんじゅん》。でも、なりたい理由は変《か》わっていった！

わたしが、フジテレビのアナウンサーになると決めたのは、小学校6年生のときでした。子どもだったわたしが、なぜ「フジテレビ」のアナウンサーになると決めたのか、そこからお話ししていきましょう。

小学生だった当時、わたしはテレビが大好《だいす》きな子どもでした。人気だったフジテレビのお笑《わら》い番組『オレたちひょうきん族』を見ていると、いつもまじめなニュースを読んでいるアナウンサーが、出演者《しゅつえんしゃ》といっしょにわいわい楽しそうにしていて、とても不思議《ふしぎ》に思ったことを覚《おぼ》えています。

そのころ、フジテレビはいち早く、アナウンサーをニュース以外《いがい》のいろいろな番組に登場させていました。あちこちに行って、さまざまな人に会い、いろいろな体験《たいけん》ができるなんて、「アナウンサーって楽しそう！」と思ったのです。そんなわけで小学校の卒業《そつぎょう》アルバムの将来《しょうらい》の夢《ゆめ》は、「フジテレビのアナウンサー」となりました。

単純《たんじゅん》なきっかけから、なりたいと思ったアナウンサーでしたが、大きくなるにつれ、なりたい理由は変《か》わっていきました。

高校生だった1989年、戦争《せんそう》の影響《えいきょう》からドイツを東西に分けていた「ベルリンの壁《かべ》」が崩壊《ほうかい》し、そこからドイツという国がひとつになり、世界が大きく変化《へんか》する出来事が起こりました。わたしはそのニュースをテレビで見ていたわけですが、その出来事の衝撃《しょうげき》以上《いじょう》に、その場からリポートしている人たちの真剣《しんけん》な姿《すがた》に心打たれました。今ここの世界で起きている出来事を、自分の目を通して人に伝《つた》える仕事がとてもかっこよく見えたのです。そこからは、報道《ほうどう》アナウンサーになりたいと思うように

気にして見てみると
もっとみりょくに気づく！

なりました。そのためにはもっと社会について学ぶべきだと考え、大学の進路を法学部《ほうがくぶ》に決めたのでした。

2 目標《もくひょう》に向かってあがく日々《ひび》が、夢《ゆめ》を実現《じつげん》する力になった！

コツコツ勉強して大学に入ったわたしでしたが、授業《じゅぎょう》を受けるうちに、「現場《げんば》の様子を伝《つた》える報道《ほうどう》アナウンサーになりたいのに、教室で授《じゅ》業《ぎょう》をただ受けるだけでいいのだろうか？」という疑問《ぎもん》がわいてきました。そして、「もっと外に出て、社会を知らなければ！」と考えたわたしは、さまざまなアルバイトをすることを思いついたのです。警備員《けいびいん》に家庭教師《きょうし》、飲食店の店員、テレビ局の下働《したばたら》き、テレビ番組の学生リポーター……など、いくつものアルバイトをかけもちすることにしました。

そこでは、さまざまな人との出会いがありました。ちょっと悪ぶった感じの人とも友だちになったり。話してみると、**自分とはちがう価値観《かちかん》や意見をもっていて、素直《すなお》に感動したり共感《きょうかん》したりしながら、自分の考え方が広がっていくのを感じました。**

アナウンサーとしての考え方にとくに影響《えいきょう》したのは、学生リポーターのアルバイトだったと思います。これは、失敗《しっぱい》の連続《れんぞく》！　事前にばっちり準備《じゅんび》をして情報《じょうほう》をたくさん伝《つた》えようとがんばったのに、いいリポートにならず、「いまいちだった」と言われたり……。ここでわたしは、「人に伝《つた》えるってどういうことなんだろう」と深く考えるきっかけをもらいました。どんな情報《じょうほう》をどんなふうに人に届《とど》けるべきかということに、わたしなりの考えをもてたと思います。

アルバイトのおかげで、お金はたっぷりたまりました。そのお金は、英会話《えいかいわ》スクールや海外旅行、短期の

いろいろな人と出会って

経験《けいけん》を積《つ》み重《かさ》ねる！

語学留学《りゅうがく》に。世界を見ること、そして英語力《えいごりょく》をみがくことが、アナウンサーになるために役立つはずと考えたからです。

3年生からは、アルバイトのほかに、アナウンサー養成《ようせい》学校にも通いました。大学の授業《じゅぎょう》、アルバイト、アナウンサー養成《ようせい》学校の3つをバランスよくこなすのは思った以上《いじょう》に大《たい》変《へん》でした。でも、小さいころから目《もく》標《ひょう》に向かってがんばるスポーツアニメが大好《だいす》きだったので、現実《げんじつ》でもアニメの主人公と同じようにめいっぱいがんばって、楽しみながら乗りきっていったように思います。

そんなふうに日々《ひび》を過《す》ごす中で、いろいろな意見を聞く力や、失敗《しっぱい》から学ぶ力、人に伝《つた》えるための考え、なんでもがんばるガッツを身につけ、就職試験《しゅうしょくしけん》に合格《ごうかく》して、念願《ねんがん》のフジテレビのアナウンサーになることができました。

アナウンサーの試験《しけん》は、2000人の応募者《おうぼしゃ》から2人だけが合格《ごうかく》する

努力《どりょく》した人は スタートラインから 走れる

ような難《むずか》しい試験《しけん》です。あまりの難《なん》易度《いど》に、「運がよくないと受からないんじゃ?」と思う人もいるかもしれません。でもわたしは、これを運でかたづけてしまうのはちょっとちがうと思うのです。

もし試験《しけん》に落ちて失敗《しっぱい》したときに、「わたしは運が悪かった」と言ってしまうと、これまでの努力《どりょく》も、これからもっとがんばろうという気持ちも消えてしまう気がするからです。わたしはアナウンサーになるために、たくさん努力《どりょく》したし、努力《どりょく》したからこそ、運も味方してくれたと思っています。

努力《どりょく》するから、わたしたちは夢《ゆめ》へのスタートラインに立てる。だから、少なくともスタートラインに立つところまでは本気でがんばってみようよ、と思うのです。

もし努力《どりょく》して夢《ゆめ》がかなわなかったとしても、努力《どりょく》したことはむだにはなりません。かならず自分の力になって、どこかで発揮《はっき》できるはずです。

3 やりたいことは何ひとつあきらめなくていい

わたしはアナウンサーになって、本当に楽しくいそがしい日々《ひび》を過《す》ごしました。もちろん仕事なので、楽しいばかりではなく、自分の思い通りにならないこと、もやもやすることもたくさんありました。

それでも自分にできることを探《さが》しながらがんばっていると、そういう姿《すがた》を見てくれている人がいて、『めざましテレビ』という朝の人気情報《じょうほう》番組を担当《たんとう》させてもらえることになりました。20代の後半は、アナウンサーとして絶好調《ぜっこうちょう》だった、と言えるかもしれません。

一方でわたしは、入社と同時に新たな目標《もくひょう》をつくっていました。大学で学んでいた法律《ほうりつ》の知識《ちしき》をさらに高めて、法律《ほうりつ》の専門家《せんもんか》としての資格《しかく》を取るための、司法試験《しほうしけん》を受けようという目標《もくひょう》です。

そう思ったのにはわけがあります。それは当時、30歳《さい》を過《す》ぎて番組に出ている女性《じょせい》のアナウンサーがほとんどいなかったからです。会社では、新人が入るとその人の出番を増《ふ》やすため、年上の女性《じょせい》アナウンサーから順《じゅん》に受け持つ番組を減《へ》らされていました（今は、そんなことはありませんね）。

みんな、なりたくてなるアナウンサーなのに、年齢《ねんれい》が上がった女性《じょせい》だけが番組を減《へ》らされるのはおかしい、とも思いましたが、それ以上《いじょう》に、だったら自分にしかない強みをもてばいい、と思っていました。そこで、入社したときには、10年後には司法《しほう》試験《しけん》を受けて、法律《ほうりつ》に強いアナウンサーになろうと決めていたのです。

そして昼間はアナウンサー、夜はロースクール（司法試験《しほうしけん》を受けるための学校）の学生という、またまたかけもちの日々《ひび》がはじまりました。

そしてそこで実際《じっさい》に働《はたら》いている弁護《べんご》士《し》の人たちの話を聞くうちに、**「自分の知識《ちしき》と経験《けいけん》を生かして、困《こま》っている人を助ける」という弁護士《べんごし》の仕事にみりょくを感じ、「司法試験《しほうしけん》に受かったアナウンサー」ではなく、**

弁護士《べんごし》になろうと目標《もくひょう》が変《か》わっていったのです。

というわけで、今は子どものころにはまったく思いえがいていなかった弁護士《べんごし》になっているのです。

弁護士《べんごし》の仕事をしながら、わたしは本も書きますし、ワインスクールの先生もしています。今は「この職業《しょくぎょう》」「この会社」と決めたら一生それを続《つづ》けるのが当たり前、という時代ではありません。あれもやりたいし、これもやってみたい、だからどんな仕事を選《えら》べばいいか決められないという人には、わたしは「全部やりなよ!」と言っています。

やりたいことは全部やる。何ひとつあきらめなくていい。ただ、それをどういう順番《じゅんばん》でやっていくのかを考えるのが、人生の戦略《せんりゃく》だと思います。そしてできれば、最後《さいご》には弁護《べんご》士《し》という仕事も選択肢《せんたくし》に入れておいてほしいな、と思うのです。

なぜなら弁護士《べんごし》は、さまざまな仕事、そして人生のありとあらゆる経《けい》験《けん》が役に立つ仕事だからです。弁護《べんご》士《し》の資格《しかく》が風呂敷《ふろしき》だとしたら、あなたのすべての経験《けいけん》をそれに包《つつ》みこんで、必要《ひつよう》に応《おう》じてさまざまなものを取りだしながら、世の中や人の役に立つことができます。だとしたら、風呂敷《ふろしき》の中身は、たくさんの経験《けいけん》がつまっていたほうがいいですよね。

弁護士《べんごし》にもいろいろな人がいます。デザインにくわしい弁護士《べんごし》、元パティシエの弁護士《べんごし》、学校の先生だった弁《べん》護士《ごし》、医師《いし》や看護師《かんごし》だった弁護士《べんごし》、そういうオンリーワンの弁護士《べんごし》がいっぱい増《ふ》えれば、弁護士《べんごし》業界ももっと楽しくなるな、と思っています。

仕事の意味ってなんだ？

持続可能《じぞくかのう》な仕事で世界をよくする！

José.《ホセ》 川島《かわしま》 良彰《よしあき》さん

コーヒー栽培技師《さいばいぎし》

1956年、静岡県《しずおかけん》生まれ。高校卒業後《そつぎょうご》、エルサルバドルでコーヒー栽培《さいばい》の技術《ぎじゅつ》を学ぶ。以後《いご》、世界中で栽培指導《さいばいしどう》をしながら、ミカフェートにて世界のコーヒー豆を販売《はんばい》。

ぼくは、もともと大手のコーヒー会社にいましたが、独立《どくりつ》して、コーヒー豆の輸入《ゆにゅう》や販売《はんばい》などをする自分の会社をたてました。なぜ自分で会社をたてようと思ったのか。それは、簡単《かんたん》に言えば、コーヒーで世界を変《か》えたいと思ったからです。

世界中で多くの人が楽しんでいるコーヒーですが、それが飲み物になるまでには多くの人がたずさわっています。ぼく自身もコーヒー好《ず》きが高《こう》じて、世界各地《かくち》での農園づくりにたずさわってきたひとりです。しかし、コーヒー農園で働《はたら》いてすぐに理解《りかい》したのは、この飲み物が、貧困《ひんこん》に苦しむ人々《ひとびと》の犠牲《ぎせい》の上に成《な》り立《た》っていることでした。まずはそれを、知ってもらいたいと思っています。

幸せじゃないコーヒー産業《さんぎょう》

18歳《さい》で最初《さいしょ》に行ったエ

ルサルバドルでは、社会《しゃかい》的《てき》格《かく》差《さ》によって内戦《ないせん》が起きていました。農園を持っている資産《しさん》家《か》たちはコーヒーでもうけていても、そこで働《はたら》く人たちにはお金がわたらず、貧《ひん》富《ぷ》の差《さ》が大きくなっていったのです。その不満《ふまん》が爆発《ばくはつ》して内戦《ないせん》にまで発展《はってん》。美しかった町は破壊《はかい》され、多くの人がなくなりました。

　この内戦《ないせん》は、資産家《しさんか》たちが働《はたら》く人たちに目を向け、国全体でコーヒー産業《さんぎょう》を続《つづ》ける方法《ほうほう》を考えていれば、起こらなかったものだと思います。

　また、世界の投資家《とうしか》たちがコーヒーの価格《かかく》をわざと引き上げて、本来の価格《かかく》との差額《さがく》で大もうけするようなマネーゲームが起こり、その反動で2001年に価格《かかく》が下がってしまいました。投資家《とうしか》たちの気分でコーヒーの価格《かかく》が上がったり下がったりすれば、生産者《せいさんしゃ》は安定してお金をかせぐことができません。たくさん収穫《しゅうかく》できても、安く買われてしまえば大損《おおぞん》です。実際《じっさい》、世界各《かく》地《ち》の農園が倒産《とうさん》したり、生産者《せいさんしゃ》に大ダメージをあたえたりしてしまいました。家族がバラバラになってしまったという生産者《せいさんしゃ》もいます。

　ほかにもコーヒーは、農園の環《かん》境《きょう》問題や労働者《ろうどうしゃ》の健康《けんこう》問題など、さまざまな問題をかかえています。だからぼくは、たずさわる多くの人が幸せになれるような、持続《じぞく》可《か》能《のう》な産業《さんぎょう》を目指さなければならないと思い、会社をたてることにしたのです。

先進国と途上国《とじょうこく》との対等な関係《かんけい》づくり

ぼくは、コーヒーにまつわる社会の仕組みをまず変《か》えたいと考えました。それまでコーヒー豆は、味や品質《ひんしつ》は二の次で、買ってくれる会社が決めた価格《かかく》で売買されていました。

それだと生産者《せいさんしゃ》は品質《ひんしつ》をよくしようとは思いません。だからぼくの会社では、よいものは高く買うなど、品質《ひんしつ》に見合った価格《かかく》を決めました。さらに環境《かんきょう》を守りながら生産《せいさん》をしているとか、働《はたら》く人の人権《じんけん》を守っている生産者《せいさんしゃ》からしか買わないことにしました。ぼくの会社からコーヒー豆を買うお客さんには、農園の活動を知ってもらった上で、品質《ひんしつ》に見合った価格《かかく》で買ってもらいます。

ぼくは農園にも直接《ちょくせつ》、生産《せいさん》の指《し》導《どう》に行きます。おいしいコーヒーが育てられる環境《かんきょう》とか、コーヒー豆を収穫《しゅうかく》するタイミングを選《えら》ぶとか、収穫後《しゅうかくご》に豆が劣化《れっか》しないように保管《ほかん》する倉庫《そうこ》の湿度《しつど》に気をつけるとか、そういった細かいことをきちんと理解《りかい》してもらい、いっしょにおいしいコーヒーづくりをしています。

最初《さいしょ》は、「コーヒー農園のない日本から来たやつの言うことなんて聞けるか」と無視《むし》されることもありましたが、ぼく自身が農園で栽培《さいばい》してみせて信頼《しんらい》を得《え》ることで、信《しん》じてついてきてくれるパートナーを増《ふ》やしています。

ぼくは、先進国の会社が途上国《とじょうこく》の生産者《せいさんしゃ》を言いなりにさせたり、かわいそうだからといって買ってあげたりするようなつきあい方ではなく、対等な関係《かんけい》で仕事をしたい。これを少しずつでも世界のコーヒー会社が取り入れてくれれば、コーヒー産業《さんぎょう》を未来《みらい》につないでいけると思っています。

世界との本当のつきあい方

また、世界各国《かっこく》の農園で人生の多くの時間を過《す》ごしてきたぼくが思うのは、世界には、本当にいろいろな人がいるということです。それぞれの国で仕事をしてみてわかったのは、ちがった宗《しゅう》教《きょう》や文化をもつグループを無理《むり》やりいっしょにすると、かならずいざこざが起きてしまうということです。

　世界にはいろいろな文化があり、長い歴史《れきし》の上で問題があって、すぐには仲《なか》よくなれない人たちもたくさんいます。それを無理《むり》やり仲《なか》よくさせるのは、おたがいの文化や歴史《れきし》を軽んじていることなんじゃないでしょうか。ぼくは、ちがう文化の人たちを無理《むり》に仲《なか》よくさせる必要《ひつよう》はなくて、おたがいを尊重《そんちょう》して、どうしたらうまくやっていけるかを考えたほうがよっぽどいいと考えています。

うまくやっていけないのは、おたがいの権利《けんり》の主張《しゅちょう》の問題でもあります。

　現代《げんだい》では、「はっきり意見や権利《けんり》を主《しゅ》張《ちょう》することがよい」とされていますが、そうすると、いつまでたっても意見はぶつかりあったまま。権利《けんり》の主張《しゅちょう》はしてもいいけれど、相手の言うことを聞いて敬意《けいい》をはらい、うまくやっていく方法《ほうほう》をおたがいに探《さが》していくほうが、世界がずっとよくなると思います。

　ほかにも、農園にまつわる問題はたくさんあります。たとえば、児童労働《じどうろうどう》の問題。子どもが農園で働《はたら》かされて、学校に行けないことがよく取り上げられますが、その反面、農園で家族がいっしょにいることで子どもが誘拐《ゆうかい》される危険《きけん》を減《へ》らせたり、民族《みんぞく》の伝統《でんとう》を伝《つた》えることができたりと、いい面もあります。何も知らない外の世界の人は、よい面には目を向けず、ただ児童労働《じどうろうどう》を問題にしますが、何が本当に問題かを考えている人はほとんどいません。

　もしあなたが世界の問題に目を向けていて、解決《かいけつ》したいと考えているのであれば、それが現地《げんち》の人にとってどんな意味があるのか、どうしたら、本当の意味で解決《かいけつ》できるのかを考える必要《ひつよう》があると思います。それには、世界に出て、実《じっ》際《さい》に見て知ることも大事です。ぜひ世界に飛《と》びだして、あなた自身の目で確《たし》かめてみてください。

野村《のむら》萬斎《まんさい》さん

ぼくが子どもだったころ
ちがう
もういっぺん
ここは背《せ》をのばす
ぼくのお父さんは狂言師《きょうげんし》だ
お父さんだけじゃなくおじいちゃんも
そのまたおじいちゃんも狂言師《きょうげんし》
ぼくは代々狂言師《きょうげんし》の家に生まれた
あはははは
棒縛《ぼうしば》り
稽古《けいこ》がはじまったのは3歳《さい》より前
だったらしい
あいさつ
足袋《たび》のはき方
『こはぜ』というフックでとめる
扇《おうぎ》の持ち方
そして3歳《さい》で初舞台《はつぶたい》
靱猿《うつぼざる》
うふふふふ!!
すべてにおいて舞台優先《ぶたいゆうせん》
小学生のころは毎日のように稽古《けいこ》をした
林間学校も運動会も休むことがあった
わけもわからないままやらされる稽古《けいこ》は
とってもイヤだった
しぅ…
今ごろみんな楽しんでるんだろうな～っ!!!
集中しろっ!!

将来《しょうらい》このまま
狂言師《きょうげんし》に……
なんて
思っていた
わけでもなく
小学生のころは
お相撲《すもう》さんに
なりたかったし
車の運転手になって
かっこいい車に
乗りたかった
狂言師《きょうげんし》になると決めたのは
もっと後のこと
高校生のころは
バンドを組んだり
当時はバンドブーム!!
狂言《きょうげん》とは関係ない
「かっこいい」と
思ったこともした
ここの角度は
こうしたほうがいいな
マイケル・
ジャクソンの
まねをしたり
マイケル・ジャクソン
キング・オブ・ポップと
呼《よ》ばれた歌手
あれ……
ダンスより
狂言《きょうげん》のほうが自分の
強みなのかも
人を感動させるには
自分がどう見えるか
わかっていないと
いけない
狂言《きょうげん》でも
自分を
表現《ひょうげん》できるんだ
いろいろな細かい
動きやしぐさを
たくさんの先人たちが
失敗《しっぱい》と成功《せいこう》を積《つ》み重《かさ》ね
かっこよくしたのが
狂言《きょうげん》などの
伝統芸能《でんとうげいのう》なんだ
ぼくも伝統《でんとう》を
現代《げんだい》に
アップデートして
次の時代に
伝《つた》えていこうと
思っているよ

大きな型《かた》にはまって、自分自身を大きく成長《せいちょう》させよう

ポイント

1 ぼくが狂言師《きょうげんし》になると決めるまで

型《かた》にはまった稽古《けいこ》の日々《ひび》に反発を感じていたけれど、自分で親と同じ道を選《えら》んだ。自分自身を一番自由に表現《ひょうげん》できるものが狂言《きょうげん》だと思ったんだ。

2 どんなことでも 型《かた》を覚《おぼ》えることには意味がある！

「型《かた》にはまる」とは、先人たちが工夫《くふう》を積《つ》み重《かさ》ねてつくってきた大きな型《かた》にはまるように自分自身を大きくすること！ 型《かた》＝完成度《かんせいど》の高い基本《きほん》をしっかり身につけて、よりよいパフォーマンスを目指そう。

3 型《かた》という技術《ぎじゅつ》の上達《じょうたつ》だけでなく、自分自身の中身をみがくことも必要《ひつよう》

人を感動させるとは、共感《きょうかん》してもらうこと。そのためには自分自身の内面をみがくことが大切。

伝統《でんとう》という大きな型《かた》に自分自身を合わせる。それって、ものすごく成長《せいちょう》することなんだよ

野村《のむら》 萬斎《まんさい》さん
狂言師《きょうげんし》

1966年、東京都生まれ。祖父《そふ》・六世野村万蔵《のむらまんぞう》と父・野村万作《のむらまんさく》に師事《しじ》。3歳《さい》のとき『靱猿《うつぼざる》』で初舞台《はつぶたい》をふむ。「狂言《きょうげん》ござる乃座《のざ》」を主宰《しゅさい》。狂《きょう》言《げん》を現代《げんだい》に活用し、より多くの人に楽しんでもらうことを目指し、映画《えいが》や現代劇《げんだいげき》、ドラマにも出演《しゅつえん》するほか、古典《こてん》の技法《ぎほう》を駆使《くし》した演出《えんしゅつ》など日本の文化芸術《げいじゅつ》を牽引《けんいん》するトップランナーとして活躍中《かつやくちゅう》。

1. ぼくが狂言師《きょうげんし》になると決めるまで

狂言《きょうげん》は、600年以上《いじょう》も前から演《えん》じつがれてきた日本の古典劇《こてんげき》です。いつの時代にも、どこにでもいそうな、名もない庶民《しょみん》たちの日常《にちじょう》の中の出来事がえがかれることが多いのですが、そこからうかび上がってくるのは、今も変《か》わらない人間たちの生きる姿《すがた》です。

そんな伝統芸能《でんとうげいのう》を受けつぐ家に生まれたぼくは、まだ何もわからないうちから狂言《きょうげん》の稽古《けいこ》をはじめ、3歳《さい》で初舞台《はつぶたい》をふみました。サルの面を付《つ》け、着ぐるみを着て、ノミを取ったりでんぐり返しをしたり、さまざまな芸《げい》を披露《ひろう》する猿回《さるまわ》しのサルの役です。といっても、ほとんど記憶《きおく》はなく、ごほうびにおもちゃをたくさんもらったことくらいしか覚《おぼ》えていません。

狂言《きょうげん》には台本がありますが、幼《おさな》いころの稽古《けいこ》は基本的《きほんてき》に口伝《くでん》といって、師匠《ししょう》の言ったセリフをくり返して覚《おぼ》えます。子どものぼくは意味もわからないまま師匠《ししょう》（祖父《そふ》や父）がやる通りに声を出し、言葉やその響《ひび》きをまね、細かい体の動きをまねて再現《さいげん》します。師匠《ししょう》と同じようにその型《かた》（動きや振《ふ》り付《つ》け）ができるまで、それを何度も何度もくり返すのです。

ぼくはけっこう目立ちたがり屋で、舞台《ぶたい》に出るのはきらいではなかったけれど、まるで自分がプログラミングされていくようなこの稽古《けいこ》は、イヤでたまりませんでした。それでも厳《きび》しい師匠《ししょう》を前に「なんで覚《おぼ》えなくちゃいけないの？」「なんで狂言《きょうげん》をしなくちゃいけないの？」なんて、口に出すことはできませんでした。

そんなぼくでも、中学校や高校時代には、部活のバスケやロックバンドの活動にも熱中《ねっちゅう》しました。でも、ほかの子とちがったのは、いくらバスケやバンドをがんばっても、それが一番の優先《ゆうせん》にはならないということ。ぼくは演者《えんじゃ》として舞台《ぶたい》に立って

日々《ひび》の稽古《けいこ》は、まるでプログラミングされるロボットみたい？

笑《ワラ》ウノ型《カタ》ヲ インプット シマス・・・
はーっはっは はっは・・・

いましたから、舞台《ぶたい》が最優先《さいゆうせん》。舞台《ぶたい》があれば、学校行事は休まなくてはなりません。そんな狂言《きょうげん》ばかりの毎日が不満《ふまん》で、狂言《きょうげん》というもの自体に反発をかかえて、なやんでいた時期だったと思います。

そんなあるとき、師匠《ししょう》である父が得意《とくい》とし、ぼくがあこがれていた『三番叟《さんばそう》』という大切な曲を披《ひ》く（狂言《きょうげん》の格式《かくしき》の高い曲を初演《しょえん》する）ことになりました。

『三番叟《さんばそう》』は、「まう」と言わずに「ふむ」というくらい、激《はげ》しい足拍子《びょうし》の多い難《むずか》しい曲です。床《ゆか》をふみ鳴らして音を出すために、ぼくはとくに熱心《ねっしん》に稽古《けいこ》をして、舞台《ぶたい》に立ちました。するとそこで、**まるで何か見えない力におどらされているような、体が勝手に躍動《やくどう》していくような感覚《かんかく》を覚《おぼ》えたのです。**舞台《ぶたい》が終わったときには、体内のエネルギーを発散《はっさん》しつくしたような爽快《そうかい》さを感じました。またそのころ、黒澤明監督《くろさわあきらかんとく》の『乱《らん》』という映画《えいが》に出演《しゅつえん》し、自分がプログラミングされてきた演技術《えんぎじゅつ》が、狂言以外《きょうげんいがい》の表現《ひょうげん》にも使えるということがわかったのです。

ぼくはそのときはじめて、スポーツや音楽、ほかのどんなことよりも、**これまでたたきこまれた狂言《きょうげん》の型《かた》を使うほうが、自分自身が自由になれるのだ**とわかりました。狂言《きょうげん》に対する気持ちが、変《か》わった瞬間《しゅんかん》です。

父はぼくに「狂言師《きょうげんし》になれ」とは言いませんでしたが、ぼくは狂言《きょうげん》からのがれられない宿命のようなものを感じていました。だからそれまであえて考えないようにしてきたのですが、17歳《さい》のこのとき、ぼくは「狂言師《きょうげんし》になる」と自ら決心したのです。

2 どんなことでも型《かた》を覚《おぼ》えることには意味がある！

狂言《きょうげん》には、基本《きほん》の姿勢《しせい》（カマエ）や歩き方（ハコビ）をはじめ、さまざまな体の動きがあります。扇《おうぎ》などの道具の持ち方や使い方、「泣《な》く・笑《わら》う・おこる」といった感情表現《かんじょうひょうげん》、飲むなどの日常動作《にちじょうどうさ》にも「型《かた》」があって、これをしっかり身につけることが基本中《きほんちゅう》の基本《きほん》です。

なぜこんな動きをするのか、説明《せつめい》はありません。ただひたすらその動きを体に覚《おぼ》えこませていく稽古《けいこ》は、当然《とうぜん》楽しいものではありませんでした。しかし、その型《かた》がしっかり身について本番でできると、お客さまが反応《はんのう》します。やがて、その型《かた》に意味をもたせて演《えん》じられるようになり、それが見ている人の心を動かす表現《ひょうげん》につながることがわかってきます。

たとえばテニスといったスポーツでも、バシッとサーブやスマッシュを決めて試合《しあい》に勝つのは快感《かいかん》ですが、そこへ行くまでには、サーブ練習やスマッシュ練習などの部分的《ぶぶんてき》な練習をひたすらくり返すと思います。そして、フォームや技術《ぎじゅつ》をしっかり身につけてはじめて、勝利《しょうり》につながるプレイができるようになるのではないでしょうか。

狂言《きょうげん》の型《かた》と、スポーツのフォームや技術《ぎじゅつ》は似《に》たようなものだと考えてください。型《かた》は、手本となるべく決められたデジタルデータです。そのデータに合わせて自分という人間を動かせるようになることがパフォーマンス。**手本のデータに近づくほど、よりよいパフォーマンスができるわけですね。型《かた》に、自分を当てはめていく**のです。

型《かた》を身につけるのは、基本《きほん》を体に覚《おぼ》えこませること

「型《かた》にはめる」「型《かた》にはまる」と聞くと、あまりいいイメージをもたないかもしれません。ぼくだって、子どものころにはきゅうくつに感じていました。でも型《かた》というのは、じつはそんなにちっちゃなものではないのです。

ぼくはよく、型《かた》をふんどしとかパンツに例《たと》えます。「人のふんどしで相撲《すもう》をとる」ということわざは、「他人のものを利用《りよう》してちゃっかり自分の得《とく》になることをする」という意味で、そういうことをしてはいけない、という教えですね。でもぼくは、**他人のふんどしやパンツは、どんどんはいてみたほうがいい**と思うのです。

自分にぴったりのパンツなんて、

その大きさはたかが知れています。そんなパンツをはいて、自分にぴったりのことだけをしていたら、どこまで行っても自分サイズ（自分の考える範囲《はんい》、思いつく範囲《はんい》）のことしかできません。

しかし「型《かた》」という、これまで何百人、何千人もの人が試行錯誤《しこうさくご》してはいてきたパンツはとても大きなもの。たくさんの先人たちが、改良《かいりょう》に改良《かいりょう》を重ねてきたパンツなのです。そのパンツをはけるように努力《どりょく》していくと、いつかそれにフィットする自分になっていけるのです。

先人たちの偉大《いだい》なパンツをはいてみよう！

つまり型《かた》は、自分の限界《げんかい》を広げてくれるものということです。「古い」とか「きゅうくつだ」とか決めつけないで、自分があこがれる人、あこがれる仕事、目指す人、目指す職業《しょくぎょう》のパンツをはいてみるのは、自分をひと回りもふた回りも大きくさせてくれることなのです。

3 型《かた》という技術《ぎじゅつ》の上達《じょうたつ》だけでなく、自分自身の中身を みがくことも必要《ひつよう》

どんな狂言師《きょうげんし》も型《かた》を体にしみこませて狂言《きょうげん》を演《えん》じるわけですが、それぞれ型《かた》通りに演《えん》じていても、みんながまったく同じ表現《ひょうげん》にはならないのが、またおもしろいところです。

どんな舞台芸術《ぶたいげいじゅつ》も同じだと思いますが、同じ役を別《べつ》の人が演《えん》じれば、その人なりの役になって表現《ひょうげん》されるでしょう。観客《かんきゃく》はそれを見て、「A《エイ》さんの演技《えんぎ》が好《す》きだ」とか、「B《ビー》さんの演技《えんぎ》には感動した」などと感じ

ながら楽しんでくれることがあるのです。

観客《かんきゃく》が「いい」と思う表現《ひょうげん》とはどういうものかというと、ぼくは、その表現《ひょうげん》がお客さんの共感《きょうかん》を得《え》られたかどうかなのだと思っています。演《えん》じたり表現《ひょうげん》したりすることには、自分自身の人柄《ひとがら》や経験《けいけん》、そこから役をどんなふうに理解《りかい》しているかなどが影響《えいきょう》していて、自分勝手に演《えん》じるだけでは、観客《かんきゃく》の心をゆさぶるような表現《ひょうげん》にはならないのだと思います。

表現《ひょうげん》を通して共感《きょうかん》を得《え》たり、人に感動をあたえたりするためには、型《かた》やテクニックを上達《じょうたつ》させるだけでなく、表現者《ひょうげんしゃ》である自分をみがくことも必要《ひつよう》です。ぼくも子どものころはそんなことを意識《いしき》していたわけではありませんが、とにかく自分の好《す》きなこと、かっこいいと思ったものに、のめりこみました。

とはいえ、ギターをひいても思ったように速くは指が動かないし、マイケル・ジャクソンのようにはかっこよく表現《ひょうげん》することができないので挫折《ざせつ》ばかりです。でも、そんなふうにいろんなことにチャレンジして失《しっ》敗《ぱい》することから、学ぶことはとても多いはず。「なぜ失敗《しっぱい》したんだろう？」「なぜうまくいったんだろう？」と考えることも、自分をみがいていくひとつの方法《ほうほう》だと思います。

演者《えんじゃ》や芸術家《げいじゅつか》に必要《ひつよう》なのは、いろいろなものに出合い、経験《けいけん》し、考えながら自分を深め、感覚《かんかく》を研ぎすまして、見る人の心につきささる音や体の動き、あるいは言葉を生みだすことです。芸術《げいじゅつ》やエンターテインメントは、人を感動させ、楽しんでもらう、喜《よろこ》んでもらうということが一番の目的《もくてき》ですから、もちろんぼくも日々《ひび》自分をみがき、舞台《ぶたい》を見に来た人に、楽しんで帰ってほしいと思っています。
しかしその一方で、ぼくにとっての狂言《きょうげん》は、単《たん》なる「エンターテインメントという仕事」ではありません。狂言《きょうげん》を続《つづ》けることには、もちろん伝《でん》統《とう》文化を継承《けいしょう》するという大きな意味があるのですが、「あなたはなぜ狂《きょう》言《げん》をしているの？」という問いは、ぼくにとっては「あなたはなぜ生きているの？」という問いとほとんど同じで、答えに困《こま》ってしまいます。
わからないうちに、わからないまま歩きはじめた狂言《きょうげん》の道を、なぜ今も歩き続《つづ》けているのか。その答えは、観客《かんきゃく》が狂言《きょうげん》の舞台《ぶたい》を楽しみ、喜《よろこ》んでくださることの中にきっとあるのだろう。そう思い、今日も生きて、ひたすらこの道を歩み続《つづ》けているのです。

鎧塚《よろいづか》 俊彦《としひこ》さん

ぼくが子どもだったころ
小学生のころは 友だちと 野球をしたり 自転車で 遠くまで 行ったりして 遊んで
みんなと変わらないでしょ
習い事はなぜか そろばんに 夢中《むちゅう》になった
当時は むずかしい計算も パパッとできたけど 今はちょっと無理《むり》(笑)
休みの日
たまに家族で 出かける デパートの食堂《しょくどう》
お待たせしました
コトッ
パアッ
おいしーーい
この瞬間《しゅんかん》がなんとも 幸せだったのを 覚《おぼ》えている
ぼくは スイーツが 大好《だいす》きだった
でもふだんのおやつは おばあちゃんが 焼《や》いてくれた さつまいもや煮干《にぼ》し
火鉢《ひばち》
炭を入れて使う道具。やかんをのせたり いも、魚、もちなどを あぶって食べたりする
プクー
味覚《みかく》が成長《せいちょう》するときに シンプルなものを 食べていたおかげか
味覚《みかく》は人より いい気がする

不器用《ぶきよう》だって、やり続《つづ》けていればなんとかなる！

不器用《ぶきよう》で才能《さいのう》がない……？ そんなのなくたってだいじょうぶだよ！

ポイント

1 技術《ぎじゅつ》を身につけて職人《しょくにん》として一人前になりたい！

わが家の教えは「手に職《しょく》をつけること！」。自分の技術《ぎじゅつ》で仕事をする、職人《しょくにん》という職業《しょくぎょう》にあこがれていた。そこで、ぼくは、菓子職人《かししょくにん》（パティシエ）を選《えら》んだんだ。

2 自分は不器用《ぶきよう》で才能《さいのう》もない。じゃあ、どうする？

できない理由を考えるより、だったらどうするかを考えて、いろいろ試《ため》して前に進んでいこう！

3 選《えら》んだら一生懸命《いっしょうけんめい》に！　そこから得《え》るものがきっとあるから

あっちを選《えら》んでおけば、なんて後悔《こうかい》したってしかたない！　まずは、選《えら》んだ道を一生懸命《いっしょうけんめい》やってみよう。

パティシエは、
だれかの幸せな時間を
演出《えんしゅつ》する、
世界一幸せな仕事だよ

鎧塚《よろいづか》 俊彦《としひこ》さん

パティシエ

1965年、京都府《きょうとふ》生まれ。Toshi《トシ》 Yoroizuka《ヨロイヅカ》オーナーシェフ。製菓専門学校《せいかせんもんがっこう》を卒業《そつぎょう》し、ホテル勤《きん》務《む》を経《へ》て8年間のヨーロッパ修行《しゅぎょう》に。帰国後に開店した「Toshi《トシ》 Yoroizuka《ヨロイヅカ》」が一躍《いちやく》人気店になる。現在《げんざい》、国内に4店舗《てんぽ》を展開《てんかい》している。

1 技術《ぎじゅつ》を身につけて職人《しょくにん》として一人前になりたい！

ぼくの家は祖父《そふ》の代から家具職人《しょくにん》で、実際《じっさい》の仕事場を見たことはあまりなかったけれど、父が家をささっと修理《しゅうり》したり、縁側《えんがわ》や離《はな》れなんかをつくったりするのを見て、「すごいなあ、器用《きよう》だなあ」と思っていました。

父だけでなく母や祖母《そぼ》も、ぼくたちきょうだいに「手に職《しょく》をつける（＝技術《ぎじゅつ》をもった職《しょく》につく）」「仕事で認《みと》められてこそはじめて一人前」というようなことを言っていました。だから、**子どものころから「大きくなったらしっかり仕事をして認《みと》められなきゃ」という気持ちはもっていた**と思います。

それで高校生になるとアルバイトをはじめました。最初《さいしょ》はアルバイトという形でしたが、しばらくたつと何を売るか、どこで仕入れるか、いくらで売るかを決めるなど、会社に関《かか》わることすべてをぼくひとりでやるようになり、高校生でありながら社会人として仕事をするようになっていきました。

また、ぼくには、学歴《がくれき》が高いというだけで優遇《ゆうぐう》されるような社会に対する反抗心《はんこうしん》もあったかもしれません。「だれよりも早く仕事のスタートを切って、ガンガン行くぞ！」と思っていたし、「『ふつう』では終わりたくない、自分が生きた証《あかし》を立てるんだ！」なんて意気ごんでいたのです。

今から思うと、「『ふつう』って何？」と、ちょっとつっこみたくなるような話ですが、当時はそんなふうにとがっていました。そして高校卒業後《そつぎょうご》は本格的《ほんかくてき》に、その店を続《つづ》けることにしたのです。世の中の景気《けいき》もよかったので経営《けいえい》は順調《じゅんちょう》そのものでした。

そんなぼくですが、がむしゃらに働《はたら》くうちに、ふと「この道は、本当にやりたい道なのかな」という疑問《ぎもん》が芽生《めば》えてきました。

じっくり考えてみると、やっぱり**子どものころからあこがれていた、自分の技術《ぎじゅつ》で勝負する専門職《せんもんしょく》につきたい**、と思うようになり、それ

なら子どものころから大好《だいす》きなケーキをつくる「菓子職人《かししょくにん》になるのはどうだろう？」とひらめいたのです。

パティシエという言葉もまだ日本では使われていない時代。3年後には自分の店を開こうと計画して、ためたお金で製菓専門学校《せいかせんもんがっこう》に入学しました。

2 自分は不器用《ぶきよう》で才能《さいのう》もない。じゃあ、どうする？

製菓専門学校《せいかせんもんがっこう》の入学金と授業料《じゅぎょうりょう》は、当時で200万円以上《いじょう》もしていました。ぼくは1円だってむだにしたくないと思い、とにかく必死《ひっし》で勉強しました。そしていつの間にか「卒業《そつぎょう》したら店を開く」という計画は、菓子職人《かししょくにん》としてもっと高みを目指したいという、強く、大きな夢《ゆめ》になっていったのです。学校卒業後《そつぎょうご》は、パティシエとしてホテルに就職《しゅうしょく》し、6年後にはヨーロッパへ。スイス、オーストリア、フランス、ベルギーとわたり歩き、8年間修行《しゅぎょう》を続《つづ》けて、帰国後に自分の店をオープン。今は国内に4店舗《てんぽ》を構《かま》えるまでになりました。

みんな、ぼくはパティシエとして成功《せいこう》していると思うでしょう。でもそれは決して、ぼくが器用《きよう》で、お菓《か》子《し》づくりの才能《さいのう》があったからではありません。お菓子《かし》づくりは自分が好《す》きなこと、やりたいことではありますが、**ぼく自身には特別《とくべつ》な才能《さいのう》なんてまったくなく、「じゃあ、どうする？」というところからすべてははじまっています。**

どんな学校に行っても、どんな仕事についても、自分には才能《さいのう》がないんじゃないか、向いていないんじゃないか、と自信《じしん》をなくすことはあると思います。そんなとき「だからダメなんだ」ではなく「じゃあ、どうしよう？」と考えることが大事だと思うのです。ぼくの弟子《でし》の中にも、「自分には才《さい》能《のう》がない」と言う人がときどきいるのですが、そんなときぼくは、「ないよ」と答えます。だってそんなものは、ぼくにだってないのですから。**才能《さいのう》がなくても不器用《ぶきよう》でも、それでも10年、20年、ぼくみたいに35年も毎日お菓子《かし》をつくっていれば、上手にできるようになります。**でもぼくは今でも自分が不器用《ぶきよう》なこと、才能《さいのう》がないことを知っているので、それなら、お客さんに喜《よろこ》んでもらうにはどうしたらいいだろうかと考えています。

不器用《ぶきよう》でも、
才能《さいのう》がなくても…
あわ立てのコツ
焼《や》き加減《かげん》
温度
混《ま》ぜ方《かた》
できることを
考えよう！
やってみよう！

　おいしいものをお届《とど》けするためにいい素材《そざい》からつくろうと、国内に農場をつくり、南米にカカオ豆の農園を開きました。お客さんの目の前で、お菓子《かし》をつくって提供《ていきょう》することにもこだわります。新鮮《しんせん》な素材《そざい》でつくられた、つくりたてのお菓子《かし》は、どんなに不器用《ぶきよう》な人がつくったとしても、おいしいに決まっているからです。

　だからもし、あなたが不器用《ぶきよう》だとしてもだいじょうぶ。不器用《ぶきよう》でも、ずーっと続《つづ》けていればできるようになる。そして、**好《す》きな気持ちを原動力にして、壁《かべ》にぶつかるたびに「じゃあ、どうする？」と考え、いろいろな方法《ほうほう》を試《ため》していきます。そのうちに、「自分にしかできないもの」という強い武器《ぶき》が身についていくのだと思います。**

　仕事と勉強はちがいます。勉強なら成績《せいせき》でしか評価《ひょうか》されませんが、仕事はだれかに必要《ひつよう》とされるものを届《とど》けられればよいので、いろいろな結《けっ》果《か》があっておもしろいのです。

ぼくは、ケーキで、だれかに幸せを届《とど》けたいと思っています。

3 選《えら》んだら一生懸命《いっしょうけんめい》に！ そこから得《え》るものが きっとあるから

ぼくは、パティシエという仕事を、人の幸せを演出《えんしゅつ》する、世界で一番幸せな仕事だと思っています。誕生日《たんじょうび》、記念日《きねんび》、結婚式《けっこんしき》などさまざまな喜《よろこ》びの日、そこにはかならずケーキがあります。映画《えいが》でも、戦争映画《せんそうえいが》、ホラー映画《えいが》、犯罪《はんざい》映画《えいが》にケーキは出てこない。ケーキのある風景《ふうけい》は、そこが幸せな場所であることの象徴《しょうちょう》だからです。

パティシエはそんな幸せな場所、幸せな時間をつくり続《つづ》ける仕事。こんなに幸せな仕事は、ほかにはないと思いませんか。

将来《しょうらい》、パティシエの仕事をしてみたい人へのアドバイスは、勉強でも、スポーツでも、遊びでも、家の手伝《てつだ》いでも、**今の自分にできること、好《す》きなこと、そしてしなければいけないことを一生懸命《いっしょうけんめい》、そしてたくさんしておいたほうがいいよ、ということ**です。

もちろん、お菓子《かし》の勉強をしてもいいのですが、それ以外《いがい》にも、いろいろなことを学んだり、経験《けいけん》したりすることのほうが、じつはもっと大事だと思うからです。

どんなことにも学びはある！

ぼくはパティシエになる前に、まったくちがう仕事をしていましたが、そこでいろいろなことを学びました。どんな商品をお客さんがほしがるか、どうやったら人の役に立つかとかね。

そして、ヨーロッパにわたってお菓子《かし》のコンクールに挑戦《ちょうせん》しているときにも、歴史《れきし》や絵画、建築物《けんちくぶつ》、宝石《ほうせき》店《てん》のショーウィンドウなどから、本当にたくさんのことを学びました。そこで見たものや得《え》た知識《ちしき》は、すぐに何かの役に立つわけではありません。しかし、それらの**たくさんの経《けい》験《けん》が、将来《しょうらい》どんな仕事をするときにも、何かのときにヒントをくれたりして、プラスになっていく**のです。

また、いろいろなことを経験《けいけん》していく中で、**教えられたことをただその通りにやるだけでなく「なぜだろう？」と考えることも大事**です。たとえば、レシピの本に「パウンドケーキは160度、フィナンシェは200度で焼《や》く」と書いてあったら、「なぜ温度がちがうの？」「温度がちがうとどんな差《さ》が出るの？」と考えたり調べたり、実験《じっけん》したりする人は、パティシエに向いているかもしれません。

お菓子《かし》の材料《ざいりょう》やその分量《ぶんりょう》、温度や時間にはすべて意味があります。レシピの通り上手につくれても、それがどういう理由なのか、本質《ほんしつ》がわかっていなければ、次にそこから新しいものを生みだすことはできないからです。

そして、最後《さいご》にもうひとつ。きみたちは、これから自分の進路や仕事を選《えら》ぶときなどに、目の前のいくつもの選択肢《せんたくし》からひとつを選《えら》ばなければならない場面に出くわします。そのとき、**ひとつに決める決断力《けつだんりょく》も必要《ひつよう》ですが、それより大事なのが決めた後の行動力です。**自分で考えてひとつを選《えら》び取《と》ったのなら、それがあまりうまくいかなくても「やっぱりあっちを選《えら》べばよかった」なんて**後悔《こうかい》せず、ひと通り努力《どりょく》してみてほしい**と思います。

ぼくは「先見の明（将来《しょうらい》を見通す力）がある」なんて言われることもあるけれど、ただ、自分が選《えら》んだ道で、それがうまくいくまでがんばってきたというだけ。だからもし、きみがやろうとしていることを「そんなの無理《むり》だよ」と言う人がいても、あきらめないで納得《なっとく》できるところまでとことんやってみてほしい。やってみなければ、わからないんだから。

そうすれば絶対《ぜったい》に夢《ゆめ》はかなうのかといえば、ときにはかなわないことだってあります。現実《げんじつ》には、「絶対《ぜったい》」なんて言葉は残念《ざんねん》だけれど、ないのです。失敗《しっぱい》に終わったとしても、精《せい》一杯《いっぱい》やったことは、むだにはならないし、次の新しい道にかならずつながっていきます。

後悔《こうかい》なんてしてないで、選《えら》んだ道をつき進もう！

仕事の意味がわからないとき…
心にぐっとくる仕事名言集2

生きるための仕事は、魂《たましい》の生活と一致《いっち》するものを選《えら》ぶことを第一とする。

「魂《たましい》の生活と一致《いっち》するもの」とは、つまり好《す》きなことです。一度しかない自分の人生の時間を使うなら、好《す》きなことを仕事にしたほうが満足《まんぞく》して幸せになれるということです。

そんな仕事に出合うためには、自分の世界を広げることが大事です。勉強をがんばったり、趣味《しゅみ》をつきつめたりして、いろいろな好《す》きを見つけられるようになりましょう。なんでもやってみる気持ちが大事。まずはチャレンジしてみましょう。

阿部《あべ》 次郎《じろう》

19～20世紀《せいき》の日本の哲学者《てつがくしゃ》・評論家《ひょうろんか》。

うわ――！
この本おもしろすぎて、一気に読み終わっちゃったよ
今日の宿題は読書だったな
楽勝じゃん！ これでいいや
うーん…… つまらないから いつまでも 読み終わらない……
もう やめようかな
宿題なんだから、最後《さいご》まで投げだしちゃだめ！
母
好《す》きな本を選《えら》んでおけばよかった！

多様化した子孫《しそん》ほど、生きるための闘《たたか》いで勝利《しょうり》する可能性《かのうせい》が高くなることだろう。

同じ仕事でも、別《べつ》の人がやることで、異《こと》なる結果《けっか》が生まれるものです。じつはそれが、社会にとって、とてもよいことだと知っていますか。

みんなが同じ能力《のうりょく》で同じことを考えていたら、新しい発見や、もっとこうしたらいいかもしれないという気づきは生まれないでしょう。

あなたがあなたらしく仕事をすること、いろいろな人が多様な仕事をする仕方をすることで、社会全体がよくなっていきます。

ダーウィン

19世紀《せいき》のイギリスの自然《しぜん》学者。

図工の時間
かさに絵をかいてみましょう
はーい
わたしはこんな感じ
ここに花をつけて工夫《くふう》したんだ！
それいいね！
わたしもやってみたい
図工展示会《てんじかい》
カラフルできれいだね！
みんなちがうからいいんだね

てぃ先生《せんせい》

ぼくが子どもだったころ
小さいころはちょっと人見知り
こんにちは！
さっ
あら、ごあいさつは？
ふたつ下の妹とよく遊んでた
くまさんこんにちは
これはこれはうさぎさん
小学生のころは友だちと遊ぶのも好《す》きだったけど
オレんちでレースゲームしようぜ!!
いーねー
おじゃまします
ガチャッ
わーっ
てぃくんだ！
キャッキャッ
ドタドタ
友だちの弟や妹と遊ぶのも好《す》きだった
いらっしゃーい
ほら!!てぃくんはオレたちと遊ぶんだぞ!!
あはは
てぃくんあそぼあそぼ
あそぼうダンス
小さい子って言うこともやることもかわいいよね

それを思いだしたのは高校生のこと
進路
えーと
何か専門職《せんもんしょく》につきたいなだったら資格《しかく》を取って……
でも医者になれるほど成績《せいせき》よくないし
パイロットも英語《えいご》とかあるしなぁ
どうしよう
そうだ!
保育士《ほいくし》になろう!
子ども
大好《だいす》き
女子ばっかりじゃないの?
だいじょうぶ!
ぎゃくに男の保育士《ほいくし》ってめずらしくていいじゃん!
といいつつ
入学式
入学おめでとう
わー女子ばっかり!
大丈夫《だいじょうぶ》かな…
本当はちょっとひるんだんだけど
ふふ…
ザッ
ツ
無事《ぶじ》に保育士《ほいくし》になれた
ここが地球の保育園《ほいくえん》か…
1週間来れなかっただけでしょ!!
かぜ大丈夫《だいじょうぶ》だった?
子どもってかわいいなぁ
もっとこの仕事のことを知ってほしくてSNS《エスエヌエス》で発信《はっしん》するようにもなったんだ
今は男性保育士《だんせいほいくし》もたくさんいるよね大変《たいへん》だけど楽しい仕事だよ!

保育士《ほいくし》は、大変《たいへん》だけど楽しい仕事だよ!

保育士《ほいくし》は、子どもの育ちと家族を支《ささ》えるかけがえのない仕事！

ポイント

1 いいことが少しでもあるから、仕事って続《つづ》けられるんだ

仕事は、大変《たいへん》なときもある。でも、うれしい瞬間《しゅんかん》が、続《つづ》ける力になっていくよ。

2 マイナスなことばかりじゃなくいい面を見てほしい

どんな仕事にもマイナス面はあるけれど、プラス面だってたくさんある。保育園《ほいくえん》や保育士《ほいくし》の仕事について、みんなにもっと知ってもらいたいと思った。

3 保育士《ほいくし》は、子どもと家族の人生に関《かか》わる仕事

人の人生に関《かか》わる分、ありがとうの重みも責任《せきにん》もある。自分にしかできないと思えるような、素敵《すてき》な仕事なんだ。

保育士《ほいくし》は、大変《たいへん》なこともあるけれど、楽しくて幸せな仕事だよ！

てぃ先生《せんせい》

保育士《ほいくし》

1987年、東京都生まれ。保育園《ほいくえん》での子どもの日常《にちじょう》をつぶやいたTwitter《ツイッター》（現《げん》X《エックス》）で、人気を集める。YouTube《ユーチューブ》チャンネルを含《ふく》め、現在《げんざい》SNS《エスエヌエス》の総《そう》フォロワー数は約《やく》187万人。書籍《しょせき》、テレビ、ラジオ、講演《こうえん》などでも活躍《かつやく》している。

1. いいことが少しでもあるから、仕事って続《つづ》けられるんだ

中学校・高校時代は、将来《しょうらい》どんな仕事をしたいかどころか、どんな進路を選《えら》ぶのかさえ、他人事《ひとごと》のように考えていました。しかし高校2年生になって、いよいよ進路を決めなくてはならなくなったとき、はじめて「自分が好《す》きなことは何だろう?」「自分が一番やりたいことって何だろう?」とまじめに考えました。

　そのときに思いついたのが、「子どもと関《かか》わる仕事」。子どものころ遊んだ、友だちの弟や妹、小さい子たちの笑顔《えがお》が思いうかんだのです。そして、いろいろ調べるうちに、ぼくは子どもと直接《ちょくせつ》、そしてじっくり関《かか》わる仕事がしたいのだと気づきました。それで、長い時間、子どもたちと過《す》ごせる保育士《ほいくし》になろうと決めたのです。

　それから保育士《ほいくし》の専門学校《せんもんがっこう》へ進み、2年間、子どものこと、保育《ほいく》のことを勉強し、保育士《ほいくし》の資格《しかく》を取りました。卒業《そつぎょう》して、これからは子どもたちと楽しい毎日を過《す》ごそう、そして保育《ほいく》のことをもっともっと学ぼうと胸《むね》をおどらせていたのですが、実際《じっさい》に仕事をはじめてみると、そんな決意はどんどんしぼんでいってしまったのです。

　ぼくがはじめて担当《たんとう》したのは2歳《さい》児《じ》のクラス。2歳児《さいじ》は、なんでも「イヤ！」と言いたい、「イヤイヤ期（反抗期《はんこうき》）」のまっ盛《さか》り。とても手のかかる時期だと言われています。もちろんそのことは学校でも勉強していましたし、これは子どもの自立心の芽生《めば》えなんだ、ということも知っていました。

　しかし、保育園《ほいくえん》にも、1日の計画があります。その計画をこなすため、ぼくは子どもたちにスムーズに動いてもらいたいと考えていました。早く着がえてぼうしをかぶってほしい、早くトイレに行ってほしい、早く手を洗《あら》ってほしい、早くごはんを食べてほしい、早く早く早く……！　でも子どもたちは、ぼくの

言うことなど全然《ぜんぜん》聞いてくれないのです。つい、大きな声で「みんな、早くしよう！」と言ってしまう日もありました。

　何も思い通りに進まず、いつも目の前のことで精《せい》いっぱい。明日もまた同じだと思うとゆううつで、「向いていないのかも」とか「同僚《どうりょう》や保《ほ》護者《ごしゃ》から冷《つめ》たい目で見られているんじゃないか」などと、いつも考えていました。

　そんなわけで、1年目のぼくは「おこってばかりいる先生」でした。大《だい》好《す》きだったはずの子どもにイライラしたり、大声を出したりしている自分がとてもイヤでした。

　このころのぼくは、仕事のうちの97パーセントくらいはイヤなことや落ちこんでしまうことの連続《れんぞく》だと感じていたと思います。保育士《ほいくし》になったときのわくわくはすっかり姿《すがた》を消してしまって、もうやめたいと毎日のように思っていました。

　そんなぼくが保育士《ほいくし》を続《つづ》けられたのは、残《のこ》りの3パーセントに「いいこと」があったからです。毎日おこってばかりのぼくなのに、「先生、大《だい》好《す》き！」「遊ぼ、遊ぼ！」となついてくれる子がいたり、保護者《ほごしゃ》の方に「今日もありがとう」と言ってもらえたり。保育士《ほいくし》にとっては宝物《たからもの》のような瞬間《しゅんかん》です。

　みんなも、毎日を過《す》ごす中で、イ

大変《たいへん》なことはたくさん！

でも、その中の少しのいいことが自分を支《ささ》えてくれる

ヤなこと、めんどうだと思うことがたくさんあると思います。でも、少しの「いいこと」がやる気を起こす原動力になるんだと思います。

2 マイナスなことばかりじゃなくいい面を見てほしい

その後は、「どうしたら子どもに言うことを聞かせられるか」をテーマに、ぼくの2年目がはじまりました。しかし、ただ同じように毎日を過《す》ごしているだけでは何も変《か》わりません。だから、もっと勉強しようと決めたのです。保育士《ほいくし》としてのスキルとか、テクニックを身につければ、何かを変《か》えられるんじゃないか、ぼくはそう考えたのです。

そこで、子どもと接《せっ》していない時間は、保育《ほいく》に関《かん》する本をたくさん読んだり、保育《ほいく》の研修《けんしゅう》を受けにいったり、インターネットで保育《ほいく》に関《かん》するさまざまな情報《じょうほう》を調べるようになりました。そのうち知識《ちしき》は増《ふ》え、子どもは以前《いぜん》より少し、ぼくの言うことを聞いてくれるようになったのです。気持ちも、ずっとラクになっていきました。

こうなると、保育《ほいく》が楽しくなってきます。今思えば、「子どもに言うことを聞かせる」なんていうのは、保育士《ほいくし》としてあまりよくない考え方なのですが、当時のぼくにとって、その手応《てごた》えは意味のあるものでした。

そして3年目、さらに勉強していくうちに、大事なのは「言うことを聞かせる」ことではなく、「どうしたら子どもの気持ちに寄《よ》りそって、個々《ここ》のやりたいことを尊重《そんちょう》できるか」ということなのだと気づきます。そのことがわかってくると、一人ひとりの子どもに合わせた声かけや活動内容《ないよう》を考えるのがおもしろくなり、以前《いぜん》はゆううつだった明日が、どんどん楽しみになってきたのです。

ぼくはすっかり、保育士《ほいくし》の仕事っておもしろいな、深いなと思うようになっていきました。さらに4年目、5年目になってくると、楽しみなのは明日だけではなく、1年後、2年後、そして卒園《そつえん》するときの子どもの姿《すがた》になっていきました。

そんなふうに仕事を心から楽しいと感じるようになったころ、世の中には子育てや保育《ほいく》に関《かん》するマイナスな情報《じょうほう》があふれていることに気づきました。それは少子化や、保育園《ほいくえん》に入れない待機児童《たいきじどう》の問題などについてのニュースやネットの書きこみです。たとえば、保育士不足《ほいくしぶそく》なのは、保育士《ほいくし》の仕事がキツい上に給料《きゅうりょう》が安いからだとか、子育てにはお金がか

かるから子どもを生むのは大きな借《しゃっ》金《きん》を背負《せお》うのと同じだ、なんていう意見です。

　子どものお世話をするのは、たしかに簡単《かんたん》なことではないけれど、子どもはかわいいし、毎日楽しいことや幸せなことがたくさんあって、保《ほ》育士《いくし》はとてもやりがいの大きな仕事です。だから、そういうマイナスな情報《じょうほう》を見かけるたびに、「もっとプラスの面も見てほしいな」という思いが大きくなっていったのです。

3 保育士《ほいくし》は、子どもと家族の人生に関《かか》わる仕事

　しかし、ぼくひとりがそう思っても、テレビや新聞でのあつかい方や、それを受け取る人たちの気持ち、社会全体が変《か》わるわけではありません。だったら、ぼく自身が感じている楽しさを伝《つた》えたら、少しはだれかの目に届《とど》くかもしれないと思い、当時一番流行していたツイッター（現《げん》在《ざい》のX《エックス》）で発信《はっしん》をはじめたのです。保育園《ほいくえん》や保護者《ほごしゃ》のOK《オーケー》をもらって、見た人が「子どもっていいね」「保《ほ》育士《いくし》の仕事って楽しそう」と思えるような、子どものエピソードをつぶやきました。

　今でこそ、多くの保育園《ほいくえん》・幼稚園《ようちえん》がホームページやSNS《エスエヌエス》で子どもたちの日々《ひび》の情報《じょうほう》を発信《はっしん》していますが、ぼくがはじめた15年前には、そういうものはほとんど見当たりませんでした。一般《いっぱん》の人はもちろん、保《ほ》護者《ごしゃ》でさえも、保育園《ほいくえん》での子どもの日常《にちじょう》の姿《すがた》を知る機会《きかい》はなかったのです。

　ぼくの投稿《とうこう》するつぶやきは、想像《そうぞう》以上《いじょう》にたくさんの人に注目してもらえるようになり、1年でフォロワーの数は約《やく》10万人にもなりました。子育て中のお母さんやお父さんだけでなく、身のまわりに子どもがいない方々、まだ子育てをしたことがない若《わか》い方々も、楽しみに見てくれているようでした。

　そして出版社《しゅっぱんしゃ》から「このつぶやきを本にしませんか？」という依頼《いらい》をもらって、ぼくのつぶやきはさらに多くの人々《ひとびと》の目にふれることになりました。のちに開設《かいせつ》したユーチューブチャンネルやインスタグラムのフォロワー数も増《ふ》え続《つづ》け、保育《ほいく》のイベントや講演会《こうえんかい》に呼《よ》ばれるようになり、気がつけばテレビでレギュラー番組までもつようになったのです。

　ぼくがはじめた発信《はっしん》は、仕事の幅《はば》だけでなく、ぼくの人生を大きく広げてくれました。しかし、だからと言って、発信《はっしん》するのは絶対《ぜったい》にいいことだ、みんなも発信《はっしん》したほうがいいよ、とは思っていません。「自分には発信《はっしん》したいことがある」、あるい

は「世の中に知ってほしいことがある」と思うなら発信《はっしん》すればいいけれど、**無理《むり》に何でもかんでもSNS《エスエヌエス》で発信《はっしん》すればいいわけではないし、そうしない選択《せんたく》をするのも、あなたの立派《りっぱ》な個性《こせい》だと思う**からです。SN《エスエヌ》S《エス》は、うまく使えばおもしろいけれど、そこからはなれられなくなったり、悪口ばかり書きこむようになったりしたら、かえって悪い結果《けっか》を招《まね》いてしまいます。

ともかく、ぼくは発信《はっしん》をはじめたことで、それまで思ってもみなかったいろいろな仕事をするようになり、いそがしい日々《ひび》を送っています。それでも、今も保育士《ほいくし》の仕事は続《つづ》けています。

保育士《ほいくし》は、人に「ありがとう」を言ってもらえる仕事です。もちろんほかにも、「ありがとう」を言ってもらえる仕事はありますが、ぼくたち保育士《ほいくし》がもらう「ありがとう」にはとても重みがあります。なぜならぼくたちは、お父さん、お母さんにとっての宝物《たからもの》、あるいは宝物《たからもの》以上《いじょう》の存在《そんざい》である子どもたちを預《あず》かって、その成長《せいちょう》を見守っているからです。

ぼくたち**保育士《ほいくし》の仕事は、一人ひとりの子どもが、たくさんの経《けい》験《けん》を通して、その子らしい人生をつくっていくのを手伝《てつだ》うことです。**人の人生に深く関《かか》わって「あなたがいてくれてよかった」「あなたじゃないとダメ」なんて言われることもある、「自分にしかできない」と実感できる素《す》敵《てき》な仕事です。

だからこそ、そこには大きな責任《せきにん》もともないます。**子どもたちが、人生の基礎《きそ》をつくっていく大事な時期に深く関《かか》わる保育士《ほいくし》は、やがてその子たちが担《にな》っていくことになる、未《み》来《らい》の社会をつくるかけがえのない仕事でもある**と思っているからです。

みなさんにも、保育士《ほいくし》という仕事について、もっと知ってほしいと思っています。

自分にしかできない

かけがえのない仕事!

金田《かねだ》 朋子《ともこ》さん

自分の声が仕事になるなんて、思ってもみなかった

コンプレックスが自分の武器《ぶき》に!? 思いきって世界を広げよう！

ポイント

1 コンプレックスはすごく強力な武器《ぶき》かもしれない

自分のイヤなところって、人とはちがっているところなんだ。それって個性《こせい》だよね。

2 「やる」と決めたらとにかく全力で！

自分で決めたことは、しっかりやる。一生懸命《いっしょうけんめい》に取り組んでいれば、その努力《どりょく》が自分自身の力になるよ。

3 新しい自分に出会うため合わないことでもやってみよう！

自分に合わないと決めつけるなんてもったいない。もしかしたら、新しい特技《とくぎ》に出合えるチャンスかも。

あなたにも、
自分にしかないことが
きっとあるはず！
自分自身を信《しん》じてみよう

金田《かねだ》 朋子《ともこ》さん
声優《せいゆう》

1973年、神奈川県《かながわけん》生まれ。出演作《しゅつえんさく》はアニメ『パズドラ』『BLEACH《ブリーチ》 千年血戦篇《けっせんへん》』やゲーム『キングダム ハーツ III《スリー》』『原神《げんしん》』など多数。特徴的《とくちょうてき》な声と明るい性格《せいかく》で、テレビ、ラジオ、舞台《ぶたい》などでも幅広《はばひろ》く活躍中《かつやくちゅう》。

1 コンプレックスはすごく強力な武器《ぶき》かもしれない

子どものころは、なんの違和感《いわかん》もなかったわたしの声。でもまわりの友だちの声がだんだんオトナっぽくなる小学校高学年ごろからは、高くて特徴的《とくちょうてき》な声が目立つようになりました。新学期にはじめて出席《しゅっせき》をとるとき、「はい」と返事をするとみんながざわついたり、ふつうに話しただけで「宇宙人《うちゅうじん》みたいだね」と言われたり……。

中学生になっても、ちびっこあつかいをされ、後輩《こうはい》からも先輩《せんぱい》とは思ってもらえません。成長《せいちょう》するにつれて、「わたしの声って、そんなに変《か》わってるのかなぁ？」と思うことが増《ふ》えていきました。

といっても、くよくよする性格《せいかく》ではなかったので、学校では楽しくのびのびと過《す》ごしていました。

ところが、大学を卒業《そつぎょう》して社会で仕事をはじめるようになると、「この声」のせいでハプニングが多くなりました。

就職《しゅうしょく》したデパートでは、おもちゃ売り場で働《はたら》いているときに、「おもちゃみたいで変《へん》な声！」と子どもに笑《わら》われたり、お客さんからの電話にまじめに応《こた》えているのに、ふざけていると思われてしまったり。

アルバイトで、電話で商品について説明《せつめい》するお仕事をしたときも、「ボイスチェンジャーをつけているんですか？」と聞かれるなど、声について質問《しつもん》されることが多く、なかなか商品の話に進みません。仕事になりませんでした。

転職《てんしょく》した銀行では貸金庫《かしきんこ》の担当《たんとう》になったのですが、一生懸命《いっしょうけんめい》に説明《せつめい》をしても、わたしが子どもみたいな雰《ふん》囲気《いき》と声だったので、「大事なお金を預《あず》けてもだいじょうぶなのか？」とお客さんを不安《ふあん》がらせてしまうはめに。

何をやっても「この声」のせいでハプニングが起きる……。そんな日々《ひび》を送っているとき、姉から声優《せいゆう》の養成所《ようせいじょ》をすすめられたのです。

そのころのわたしは、とくにアニメが好《す》きというわけでもなく、声優《せいゆう》という仕事もよく知らず、あまり乗り気ではありませんでした。でもパンフレットを見ると、レッスンには歌やダンス、演技《えんぎ》に日本舞踊《ぶよう》まであります。習い事として、こんなにお得《とく》なものはないんじゃない!? そう思って週に3回、仕事をしながら養成所《ようせいじょ》の夜間部に通うことにしました。

本気で声優《せいゆう》を目指すためにレッスンに来ている人たちと、「お得《とく》な習い事に通っている」ような意識《いしき》のわたしとでは、まったく心構《こころがま》えがちがっていましたが、そこではじめて、いろいろな人に「この声」を「いいなぁ」とうらやましがられました。今までこの声でハプニングが起きることはあっても、うらやましがられたのは、はじめての経験《けいけん》です。

そうして声優《せいゆう》のレッスンを続《つづ》けていくうちに、**コンプレックスは裏返《うらがえ》してみれば長所でもあり、使う場所によってはすごい武器《ぶき》にもなるのかもしれない**、と感じるようになったのです。

コンプレックスというのは、人とちがっていて、自分がイヤだなと感じているところです。でも、**コンプレックスに感じているのは、じつは自分だけかも……。人から見たら、それはあなただけにしかない、とってもみりょく的《てき》なものかもしれないのです。**

コンプレックスになるのは、人とちがっているところ。

それって、自分にしかないみりょくかもしれないよ！

2 「やる」と決めたら とにかく全力で！

ところが、もともと器用《きよう》なほうではないわたしは、レッスンでは先生にしかられてばかりでした。後から教えてもらったことですが、養成所《ようせいじょ》での成績《せいせき》はひどいものだったそうです。わたしなりに、一生懸命《いっしょうけんめい》やっていたんですけどね（笑）。

そうやって2年が過《す》ぎ、卒業《そつぎょう》するころにはオーディションが待ち受けていました。合格《ごうかく》すれば声優《せいゆう》のプロダクションに所属《しょぞく》することができます。これがプロの声優《せいゆう》としてのスタートラインです。

でも、このオーディションは、100人中3人くらいしか受からないという、とても厳《きび》しいものでした。とにかく一生懸命《いっしょうけんめい》に演《えん》じ、結果《けっか》はなんと合格《ごうかく》。これが、わたしが声優《せいゆう》になるまでのお話です。

合格後《ごうかくご》は、「せっかく受かったんだから、やるしかない！」と、その先どうなるのかもまったくわからないのに、仕事はスパッと辞《や》めました。同時進行とか、うまく両立して、ということが苦手なので、やると決めたら目の前のひとつのことに100％、120％でつっこんでいく性格《せいかく》なのです。

声優《せいゆう》になってからは、わりとすぐにメインキャラクターの役をいただくことができました。声優《せいゆう》になっても仕事がないことも多い業界ですから、わたしは本当に運がいいと思います。ラッキーガールです。だからといって、運だけにたよってきたわけではありません。めちゃくちゃ勉強もしました。

アニメが放送される前には、スタジオで録音《ろくおん》したセリフに、効果音《こうかおん》や曲を入れて編集《へんしゅう》する「ダビング」という作業があります。声優《せいゆう》の声の録《ろく》音《おん》が午後3時に終わったとしたら、ダビングはその後、夜の9～10時まで、ときには深夜までかかるような作業です。

ダビングでは、自分の声を聞き直すことができるので、わたしは「見学させてください」と言って、ずっとそこにいさせてもらいました。多くの声優《せいゆう》さんは収録《しゅうろく》が終わればそのまま帰りますが、新人の中にはわたしのようにそこに残《のこ》る人もいます。でも新人も1年もたてば、ダビングの見学を終えてしまう人がほとんどです。

作業時間が長いので大変《たいへん》ではありますが、わたしは声優《せいゆう》になって10年間、すべての仕事で、なるべく毎回ダビングに通《かよ》い続《つづ》けました。

ダビングは、いち早く自分のセリフを何度も何度も聞くことができるチャンスです。こうすればよかったとか、次はこうしてみようとか、**その仕事をふり返って、次の仕事に生かすことができます。**つかれなんて、なんのその！ 自分でやると決めたことですから、まったく苦ではありませんでした。ダビングでは、演技《えんぎ》の指導《しどう》をしてくださる音響監督《おんきょうかんとく》さんからアドバイスをいただくこともできます。

演技《えんぎ》に限《かぎ》らず、自分で何かを表現《ひょうげん》するとき、自分のもっているイメージと、それを見た人が感じ取る印象《いんしょう》はちがいますよね。そんな、人が感じた印象《いんしょう》も、音響監督《おんきょうかんとく》さんからは聞くことができ、自分の演技《えんぎ》を冷静《れいせい》にふり返ることができるのです。声優《せいゆう》という仕事について、本当にたくさんのことを学ぶことができたと思っています。

3 新しい自分に出会うため 合わないことでも やってみよう！

ダビングに通っていたのには、自分の役と仲《なか》よくなりたいという思いもありました。わたしは台本を読みこんで頭で理解《りかい》し、きちんと計算して表現《ひょうげん》できるタイプではなく、役そのものになりきって演《えん》じるタイプです。

役を決めるオーディションでは、はじめて出会うキャラクターを見て、どう演《えん》じたらいいのか、なやむこともありますが、やっているうちにその役はどんどん自分の中に取りこまれて、愛着《あいちゃく》がわいてきます。今まで演《えん》じてきたキャラクターは、みんな大切で大好《だいす》きな、わたしの宝物《たからもの》です。

デビューしてしばらくはかわいい声の役が多かったのですが、そのうちいつも鼻水を垂《た》らしているようなキャラの役や、人間ではないものの役をいただけるようになりました。最初《さいしょ》は、なんでこんな役をたのまれたんだろうと思いましたが、今思えばその役からわたしの仕事の幅《はば》は広がり、大げさに言えばわたしの未来《みらい》は変《か》わっていきました。**経験《けいけん》したことのないその役が、新たな自分を引きだしてくれたのです。**

いつも自分に合うものばかり選《えら》んでやっていたら、新しい自分に出会うことはできません。それはどんな仕事でも同じなのではないでしょうか。

わたしは声優《せいゆう》になるまでに、いろいろな仕事をしてきましたが、決してそれが遠回りだとは思っていません。そういう経験《けいけん》があったからこそ、自分というものや、自分のコンプレックスともきちんと向きあうことができ、それを生かせる場所にたどり着くことができたのだと思っています。

新しい経験《けいけん》が自分の世界を広げる！

自分が好《す》きなこと、やりたいこと、自分に合っていることを早く見つけて、すんなりその道を進めたらよいですが、失敗《しっぱい》しながらでも、最終的《さいしゅうてき》に自分を生かせる場所にたどり着ければいいと思います。まわり道をしているようでも、そこでの経験《けいけん》はすべて、将来《しょうらい》のために必要《ひつよう》なことだったりするからです。

「自分が着たい服と、自分に似合《にあ》う服は別《べつ》」と言いますが、**自分の好《す》きなものだけの世界は、じつはとてもせまいもの。そこからぬけだしてみたら、世界は想像《そうぞう》よりもずっと広くて、もっとたくさんの自分に向いていること、求《もと》められていること、自分の進むべき道があることに気づ**けます。だから、最初《さいしょ》から「好《す》き」とか「キライ」とか決めつけて世界をせばめてしまうのは、とてももったいないことだと思うのです。

　声優《せいゆう》は目指す人も多い人気の職業《しょくぎょう》ですが、やってみたいのにあきらめてしまうのは、本当にもったいない！　声がかわいくないからとか、特徴《とくちょう》がないからとか、反対に特徴《とくちょう》がありすぎるからとか、いろんな声が出せないからとか、そんなふうに「できない」理由ばかり考えず、やってみたらいいと思います。

という言葉が好《す》きです。

　わたしは「夢《ゆめ》はにげない」。夢《ゆめ》が「バイバイ」と言って、わたしたちの前からにげていくことはありません。けれど、自分があきらめて手を放してしまったら、そのとき、夢《ゆめ》は終わります。失敗《しっぱい》しても、だいじょうぶ！　こわがらずに、新しいことにチャレンジして、新しい自分を見つけましょう！

仕事の意味ってなんだ？

自分が幸せになって、人も幸せにすること！

澤《さわ》 円《まどか》さん

大学教員／企業《きぎょう》コンサルタント

1969年、兵庫県《ひょうごけん》生まれ。マイクロソフト（現《げん》日本マイクロソフト）でIT《アイティ》の専門知識《せんもんちしき》を生かして活躍《かつやく》。在籍時《ざいせきじ》から、人材育成《じんざいいくせい》の講演《こうえん》や研修《けんしゅう》などの専門《せんもん》会社を立ち上げる。

ボクは、もともと日本マイクロソフトという大きな会社で働《はたら》いていました。プレゼンテーションが得意《とくい》で、会社でトップクラスの売上を収《おさ》めて表彰《ひょうしょう》されるなど、けっこう活躍《かつやく》の場をもらっていたと思います。そのうち人をまとめるリーダーの立場になりましたが、いろいろな仕事を率先《そっせん》して自由に楽しみ、会社員としては何不自由《ふじゆう》なく過《す》ごしていました。

ところが、新型《しんがた》コロナウイルス感《かん》染症《せんしょう》の流行で、世の中がガラリと変《へん》化《か》。ボクはこの変化《へんか》をチャンスと思って、もっともっと「自分の生きたい人生を生きる」ために会社から飛《と》びだし、新しい会社をおこしたのです。新しい会社ではテクノロジーをどう活用するかを広めたり、人材《じんざい》を育てるアドバイスをしたりしています。

本当の仕事とは、「社会の役に立つこと」

どんな場所にいても、自分

らしく仕事をすることはできます。でもそれには、**仕事の本当の意味を知らなくてはいけないかもしれません。**

ではまず、仕事とは何かを考えてみましょう。働《はたら》いてお金をもうけること？　それだけでは、詐欺《さぎ》みたいな悪いことも仕事になってしまいます。

仕事には、どんなことでも「社会に貢献《こうけん》する」という目的《もくてき》があります。会社というのも、ひとりでやるより大きな社会貢献《こうけん》をするために人が集まった結果《けっか》、できたものなのです。

会社で行う社会貢献《こうけん》は、自分がどの立場かで求《もと》められることがちがってきます。どういうことか、ちょっと例《たと》え話《ばなし》をしてみましょうか。

海水浴場《かいすいよくじょう》に大量《たいりょう》のカニが現《あらわ》れたとします。楽しく遊んでいた海水《かいすい》浴客《よくきゃく》はたまったものではありませんね。この状況《じょうきょう》を会社に置《お》きかえてみると、カニをつかまえるために網《あみ》が必要《ひつよう》だとか、バケツがいるなと考えながらカニをつかまえるのが一般《いっぱん》社員の人たちです。それを見ているライフセーバーは、係長とか課《か》長《ちょう》とかのリーダー。ちょっと高いところから状況《じょうきょう》を見て、一般《いっぱん》社員が動きやすいように仕事の手順《てじゅん》をみんなに伝《つた》えたり、ときには砂浜《すなはま》に下りていっしょにカニをつかまえたりします。それをヘリコプターから見てい

るのが社長などの経営者《けいえいしゃ》です。遠くから雷雲《らいうん》が近づいていることにいち早く気づいて、社員のみんなをいったん避難《ひなん》させなきゃといった判断《はんだん》をする。決めたことは、ライフセーバーであるリーダーに無線《むせん》で伝《つた》えて、リーダーが砂浜《すなはま》で避難《ひなん》の指示《しじ》を出すわけです。

ここでの社会貢献《こうけん》は、一般《いっぱん》社員にとっては「カニを片《かた》づけること」、リーダーにとっては「片《かた》づけやすいように一般《いっぱん》社員をサポートすること」、経営《けいえい》者《しゃ》にとっては「楽しい海水浴《かいすいよく》場《じょう》を守り、そして社員の安全も守ること」です。立場のちがいはありますが、それぞれが協力《きょうりょく》して、社会貢献《こうけん》を果《は》たしています。

観察《かんさつ》からアイディアを見つけだす

すべての仕事が尊《とうと》いといわれる理由は、この社会貢献《こうけん》があるためです。でも、同じネタで社会貢献《こうけん》をする会社があると競争《きょうそう》が生まれ、もうかる会社と、そうでない会社が出てきてしまいます。

とはいえ、競争《きょうそう》に勝つために、ほかの会社をけり落とすのはいい考え方ではありません。自分の会社の商品の長所をのばして、喜《よろこ》んでくれる人を増《ふ》やしていかなければなりません。

しかし現代《げんだい》社会の商品は、どれも必要《ひつよう》な機能《きのう》はすべてもっていて、長所をのばすのが難《むずか》しくなっています。馬車から自動車のような劇的《げきてき》な変化《へんか》はもう起こらないと思います。

そこで何が大事になってくるかというと、アイディアなんですね。商品や社会全体をよく観察《かんさつ》して、解決《かいけつ》する必要《ひつよう》のある問題を見つけだしてこなくてはいけないのです。いそがしい人が増《ふ》えたから炊飯《すいはん》時間が短くて済《す》む炊飯器《すいはんき》をつくろうとか、エネルギー不足《ぶそく》の未来《みらい》が来るかもしれないから節電《せつでん》できるエアコンをつくろうとか、そういう方向です。

これからの未来《みらい》、社会貢献《こうけん》をするには、変化《へんか》する社会に合わせて問題を見つけだしていくことがとても大事になってきます。じゃあ、何を観《かん》察《さつ》のネタにしようかと思ったら、自分の好《す》きなことを選《えら》んだらいいんじゃないかとボクは思います。だって、自分の好《す》きなことならいくらでも時間を費《つい》やせるでしょう？ それが仕事になるなら、一番ハッピーです。

ボクの場合は、それがテクノロジーでした。学生のころに登場したパソコンを楽しくいじっているうちに、さまざまな技《ぎ》術《じゅつ》にくわしくなり、IT《アイティ》に強くなっていったわけです。

新しい世界に合わせて新しい常識《じょうしき》をつくる

社会が変《か》わると、それに合わせて仕事も変《か》わります。新しい仕事がどんどん生まれ、なくなる仕事も出てくるでしょう。そこでみなさんには、いつも新しいことを学んでいてほしいと思っています。

今のオトナたちは「今までの社会をつくってきた世代」です。未来《みらい》をつくるのは、みなさんの世代です。

未来《みらい》をつくるときに、今までの常識《じょうしき》にしばられていたら社会をよりよくしてはいけないでしょう。常識《じょうしき》だって、社会に合わせて変《か》えていかなくてはならないのです。

よく観察《かんさつ》したら、本当に必要《ひつよう》な常《じょう》識《しき》とそうでない常識《じょうしき》が見えてくると思います。たとえば「人に優《やさ》しく」という常識《じょうしき》はどんな時代でも変《か》わりませんが、「女子はスカート、男子はズボン」という常識《じょうしき》はもう古くなりつつあります。新しい社会に合った新しい常識《じょうしき》をつくっていくのもまた、みなさんの役目です。

最後《さいご》に、みなさんが仕事で社会貢献《こうけん》をするようになったとき、一番大事なことをお伝《つた》えしましょう。それは、どんなときでも自分自身が幸せであってほしいということです。

自分に余裕《よゆう》がなければ人に優《やさ》しくできないのと同じように、**自分自身が幸せでなければ社会貢献《こうけん》もできません。**どんな仕事にせよ、一番は「自分が幸せになること」を基準《きじゅん》に行動したらいいんじゃないかと、ボクは思います。

吉田《よしだ》 沙保里《さおり》さん

わたしが子どもだったころ
よっ
うちはレスリングの道場をやっていた
だから3歳《さい》のころにはもう練習をはじめていたんだって
覚《おぼ》えてないけど…
こうかな？
はじめて試合に出場したのは5歳《さい》のとき
結果《けっか》は1回戦《かいせん》負け
レスリング大会
くすん
小学校に入るころには
ただいまー
学校から帰る
夕食
夜7〜9時
レスリング練習
ねる
お父さ〜〜ん
わたしもメダルほしい〜！
あれは売り物じゃないからなぁ
自分で強くなって取るしかないぞ
メラッ
つよく…
こうしてわたしの負けずぎらいに火がついた
土日は遠征試合《えんせいじあい》であっちこっち
レスリング中心の生活になっていたんだ

目標《もくひょう》ができたからこそ、わたしはもっと強くなれたんだ

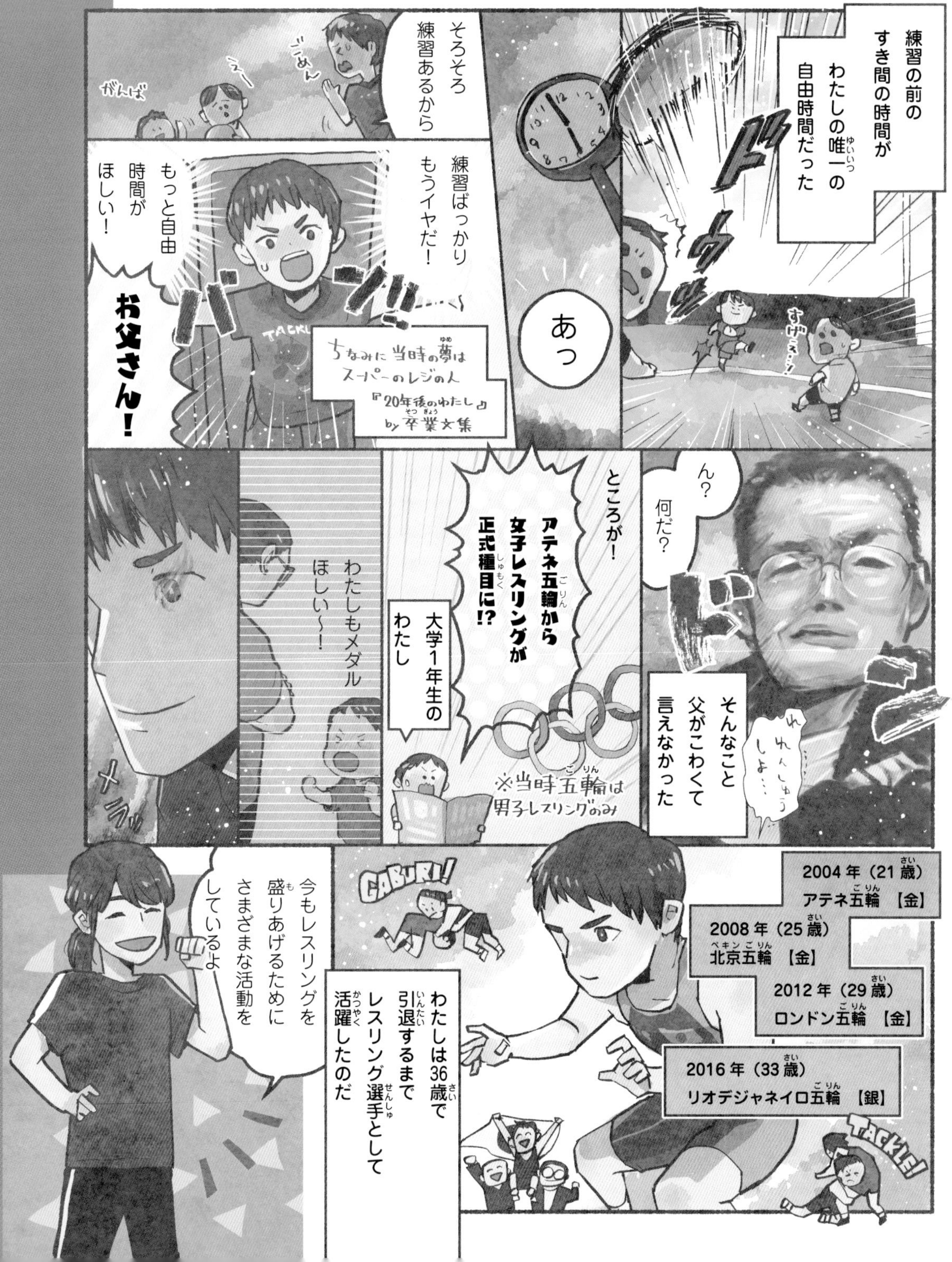

弱音はいてもいい！ でも、がんばる姿勢《しせい》は大事だよ

ポイント

1 やらされていた練習を自分から「やろう！」と思うようになるまで

目標《もくひょう》がはっきりすることで、やる気になる。がんばりたいことがあれば、目標《もくひょう》を立ててみてもいいね。

2 ライバルの存在《そんざい》が練習の支《ささ》えになった

ライバルは、こえたい目標《もくひょう》でもある。くじけそうなときでも、その背中《せなか》を追って、追いこして、自分自身を強くしていこう。

3 弱音ははいてもいい。でも、やることはやる！

弱音をはいても、やることをやる、これができれば、まわりの人もあなたを支《ささ》えてくれるよ。

練習をがんばり続《つづ》けて
やりとげる力は、
きっとどんなことにも
役立つよ！

吉田《よしだ》 沙保里《さおり》さん
レスリング選手《せんしゅ》

1982年、三重県生まれ。3歳《さい》のころからレスリングをはじめ、女子レスリング世界大会16連覇《れんぱ》、個人戦《こじんせん》206連勝《れんしょう》、オリンピック3連覇《れんぱ》などの記録《きろく》をもつ。テレビやCM《シーエム》でも活躍中《かつやくちゅう》。著書《ちょしょ》に『迷《まよ》わない力』『強く、潔《いさぎよ》く。』などがある。

1. やらされていた練習を自分から「やろう！」と思うようになるまで

わたしは3歳《さい》からレスリングをはじめました。といってもはじめたときの記憶《きおく》はあまりなく、最初《さいしょ》はたぶん、兄たちのまねをしながら体操《たいそう》をして、母のひざに座《すわ》って練習を見ていたくらいだと思います。元レスリング選手《せんしゅ》の父がつくった道場でレスリング教室を開いていたので、当たり前のように自然《しぜん》な流れでレスリングをはじめ、気づいたときには選手《せんしゅ》としての道を歩いていました。

5歳《さい》ではじめて出場した大会は1回戦《かいせん》で負けてしまいましたが、そこからわたしの負けずぎらいに火がついて、練習をがんばるようになりました。練習は毎日、夜7時～9時まで。小学校に入ると、それまでにごはんを食べて、宿題も終わらせなければならないので、友だちと遊ぶ時間はほとんどありません。土日も大会などがあったので、休みはお盆《ぼん》とお正月の2、3日ずつだけでした。

そんな練習を続《つづ》けていたおかげで、わたしはだんだん強くなり、大会に出れば勝つことも多く、メダルやトロフィーをもらうことが増《ふ》えました。子どもながらに、みんなに「すごい」とほめてもらえるのは、とてもうれしいことだったのを覚《おぼ》えています。

それでも正直なところ、小学生の間は練習を「やらされて」、試合《しあい》に「連《つ》れていかれる」という感じ。でも、ちょっとこわかった父には、「イヤだ」とか「やりたくない」なんて絶《ぜっ》対《たい》に言えなかったのです……。母はとても優《やさ》しかったけれど、なにしろ家が道場。「イヤだなあ」と思っていても、時間になれば、「はい、道場へ」と、有無《うむ》を言わさず練習がはじまってしまうのでした。

そんなわたしに転機《てんき》が訪《おとず》れたのは、中学1年生のとき。わたしは日本代表として国際《こくさい》大会に出場することになり、はじめてフランスに行きました。そこで日本代表として、日の丸の国旗《こっき》を胸《むね》につけて戦《たたか》うことの喜《よろこ》びや楽しさを感じ、また世界の選《せん》手《しゅ》たちと戦《たたか》いたいと、強く思うようになったのです。

そして中学2年生の夏、アトランタオリンピックが開催《かいさい》されました。テレビで女子柔道《じゅうどう》を見ていたわたしは、小柄《こがら》な田村亮子《たむらりょうこ》選手《せんしゅ》が、対戦《たいせん》相手を力強く豪快《ごうかい》に投げ飛《と》ばす姿《すがた》に胸《むね》がふるえました。そして「わたしもオリンピックに出てメダルを取りたい！」という強い思いがわいてきたのです。

人類最古《じんるいさいこ》の格闘技《かくとうぎ》といわれるレスリングですが、男子レスリングは第1回大会からオリンピック種目《しゅもく》になっていたものの、女子レスリングは当時まだオリンピック種目《しゅもく》にはなっていませんでした。それでも、いつかはレスリングでオリンピックに出られる日が来るかもしれない。

はじめて夢《ゆめ》をもったわたしは、このときからオリンピックを自分の目標《もくひょう》として意識《いしき》するようになり、「やらされていた」練習は、目標《もくひょう》に近づくための大事なものに変《か》わっていきました。

練習のつらさは変《か》わりませんが、**はっきりとした夢《ゆめ》をもつことで意識《いしき》が変《か》わり、はじめて自分から練習しようという気持ちになった**のです。

目標《もくひょう》ができたら やる気が出る！

2 ライバルの存在《そんざい》が 練習の支《ささ》えになった

そのころ、わたしには、2つ年上の山本聖子《やまもとせいこ》ちゃんというライバルがいました。はじめて戦《たたか》ったのは、わたしが中学2年生のとき。ジュニアオリンピックの決勝戦《けっしょうせん》で、聖子《せいこ》ちゃんが勝ちました。聖子《せいこ》ちゃんは、わたしより8センチメートルも背《せ》が高く、手足も長く、抜群《ばつぐん》に身体能力《のうりょく》の高い絶対《ぜったい》王者でした。ライバルといっても、中学生・高校生時代は、雲の上の人のような存在《そんざい》でした。

それでもなんとか聖子《せいこ》ちゃんに勝ちたいと思い、毎日毎日、練習を続《つづ》けましたが、どうしても彼女《かのじょ》にはかないません。やがて大会で聖子《せいこ》ちゃんに当たるとわかったとたん、「今回はダメだ……」と、戦《たたか》う前から気持ちで負けていたようなところもありました。

そして大学1年生のとき、3年後のアテネ大会から、女子レスリングがオリンピック種目《しゅもく》に採用《さいよう》されるというニュースが届《とど》きました。中学生のときの夢《ゆめ》が現実《げんじつ》になるかもしれない！　でもそのためには、聖子《せいこ》ちゃんをたおさなければなりません。わたしの中で何かのスイッチが入り、ここでふたたび意識《いしき》が大きく変《か》わりました。

大学の監督《かんとく》から、「あこがれの〝聖子《せいこ》ちゃん〟ではなく、しっかりライバルと認識《にんしき》するように」と言われ、意識《いしき》を変《か》えることからはじめました。また監督《かんとく》の指導《しどう》の下《もと》、レスリングの練習だけでなく、スタミナとパワーをつけるために食事回数を増《ふ》やし（わたしは子どものころから、じつは少食なのです）、ウェイトトレーニングで徹底的《てっていてき》に腕力《わんりょく》をきたえました。

そして臨《のぞ》んだ２００２年のジャパンクイーンズカップの決勝戦《けっしょうせん》で、わたしはついに山本選手《やまもとせんしゅ》に初勝利《はつしょうり》。２００４年の同じ大会でも勝って、夢《ゆめ》だったオリンピックの出場権《しゅつじょうけん》を手に入れることができたのです。

そこからわたしは、アテネ、北京《ペキン》、ロンドンと3つのオリンピックで金メダルを取り、世界大会で16連覇《れんぱ》を達成《たっせい》しました。**夢《ゆめ》をかなえるため、強くなるためのアドバイスは、ただ「練習あるのみ」です。毎日毎日のくり返しにあきず、あきら**

ライバルという
ライバル
壁《かべ》をこえよう！

めず、人よりどれだけがんばれるか、努力《どりょく》できるか、ということしかありません。

どんなスポーツでも、だれにとっても、練習は楽しいものではないと思います。それにもちろん、いろいろな誘惑《ゆうわく》もあるでしょう。わたしも思春期のころには、「友だちといっしょに遊びたいなぁ」とうらやましく思うこともたくさんありました。でも、まわりに流されず、今しかできないことは何なのかを考え、自分が決めた目標《もくひょう》に向かって、集中するときには集中することが大事だと、今ならはっきりわかります。

3 弱音ははいてもいい。でも、やることはやる！

練習の結果《けっか》が出ればもちろん楽しいし、つらい練習もやってよかったと思えるのですが、結果《けっか》が出るまでが大変《たいへん》ですね。そこまでどれだけがまんできるかが、勝負の世界では大事になってきます。

レスリングの練習は本当にきつくてつらいものです。たとえば天井《てんじょう》からつるされたロープに、床《ゆか》に座《すわ》った状態《じょうたい》から腕《うで》の力だけで上ったり、真夏の炎天下《えんてんか》、坂道ダッシュ、真冬の寒風の中でのランニング、ヘトヘトになった最後《さいご》の仕上げにふたりをおんぶして坂道を走ったりするのです。

なんでこんなことをしなきゃいけないのかとは思うのですが、それは腕力《わんりょく》や足腰《あしこし》をきたえるため、体幹《たいかん》をきたえるため、そして、勝つためです。ライバルがいるからがんばれる、目標《もくひょう》があるからがんばれる、とはいってもつらいものはつらい。それでも、こうしたトレーニングをずっと続《つづ》けてこられたのは、仲間《なかま》といっしょにがんばる楽しさがあったからだと思います。

レスリングは個人競技《こじんきょうぎ》ですが、練習や合宿は仲間《なかま》といっしょです。目の前でがんばっている仲間《なかま》を見れば、自分だけがきつくて苦しいのではないということがわかります。試《し》合《あい》に負けて落ちこんでいるときも、くやしい思いをしているのは自分ひとりだけじゃない、と思うことができました（だって勝つ人よりも、負ける人のほうが絶対《ぜったい》に多いですから）。また、勝っている人を見れば、「わたしもこうなりたいな」と、くやしさをプラスに変《か》えていくこともできました。

そして、仲間《なかま》には弱音をはくこともできました。どんなに苦しい練習にも立ち向かっていける人もいるのかもしれませんが、わたしは「きつい」「もうイヤ」「無理《むり》」と、思わず口にしてしまうタイプです。つらいときには、弱音をはいたっていいと思います。

ただ、弱音をはくだけだと、まわりから「やる気があるのか?」と思われてしまいます。だから、**「弱音ははくけれどがんばっているよね」「やることはやるよね」と思ってもらえるのが、正しい弱音のはき方なんじゃないでしょうか。**がんばっていれば、まわりも支《ささ》えてくれるようになります。

弱音ははいても

やることはやる！

今は選手《せんしゅ》を引退《いんたい》して、33年間続《つづ》けてきたハードな練習の日々《ひび》からはなれ、朝練のために早く寝《ね》なきゃとか、負けたらどうしようという不安《ふあん》になやまされずに生活できるようになりました。

テレビに出演《しゅつえん》することも増《ふ》えています。選手《せんしゅ》としての経験《けいけん》を生かしたスポーツ番組の解説《かいせつ》だけでなく、バラエティ番組などにも出ています。

テレビの仕事は、相手の動きを見て瞬間的《しゅんかんてき》に判断《はんだん》する、動く、という訓《くん》練《れん》をしてきたわたしには向いているようで、とても楽しくやっています。それ以外《いがい》にも、講《こう》演《えん》やイベント、後輩《こうはい》の指導《しどう》のほか、仕事はさまざまに広がっていますが、どんな仕事が来ても、「どうしよう?」と迷《まよ》ったりすることはほとんどありません。

もともと、そういう性格《せいかく》なのかもしれませんが、なにしろレスリングの試合《しあい》は3分しかないので、迷《まよ》っているひまはありません。動きながら考えるという習慣《しゅうかん》がしみついています。瞬時《しゅんじ》に考えて体を動かす、あるいは、考えなくても自然《しぜん》に体が動いてしまうのです。

そしてこの長い、苦しい練習にたえてきた経験《けいけん》、ひとつのことをやりきったという思いがあるからこそ、どんな仕事が来ても、何が起こっても、あれよりきついことはない、あのときより苦しいことはない、と思えるのです。

みなさんの中には、今はスポーツに打ちこんでいるけれど、将来《しょうらい》どうしたらいいか迷《まよ》っている人がいるかもしれません。でも、**目の前のことをがむしゃらにやることで得《え》られるものは、スポーツの技術《ぎじゅつ》だけではないと知ってほしいと思います。そのがんばる気持ちや、あきらめない気持ちは、どんな仕事についたとしても役に立つものです。**だから、将来《しょうらい》のことを心配しなくても、目の前の目標《もくひょう》につき進んでいいと、わたしは思います。

皆川《みながわ》 明《あきら》さん

ぼくが子どもだったころ
保育園のころ どろだんごに夢中《むちゅう》だった
明《あきら》くんのピカピカどろだんご
あっ!
ゴッ
パラッ
あーあー 割《わ》れちゃったね
きれーーい!
何日もかけてつくったピカピカどろだんご その断面《だんめん》の美しさは今でも覚《おぼ》えている
そうねえ
次はもっとかたいのつくろうねーっ
どろだんごは手をかければかけるほど固《かた》く、ピカピカになる
何を混《ま》ぜるか どうしたらピカピカになるのか?
いろいろ工夫《くふう》するのが大好《だいす》きだった
PIKA PIKA
白線
かだんの土?
砂場
保育園をぬけだして公園までどろだんごをつくりに行くこともあった
明《あきら》くんいたーっ
小学生になっても ときどき学校をぬけだしては先生につかまっていた
お天気がいいから公園に行こうかと……
「行こうかと」じゃない!
オトナからしたら集団行動が苦手なやっかいな子どもだったろうね

スポーツも服づくりも、コツコツとゴールを目指すところは同じ

スポーツにも夢中《むちゅう》になった！
鉄棒《てつぼう》
マット運動
ソフトボール
バスケット
なかでも特別夢中になったのは……
位置《いち》について
よおーい
ドン！
走ること！
中学校・高校では長距離走《ちょうきょりそう》に打ちこんだ
このまま大会に出て優勝《ゆうしょう》して
体育大学に行って
駅伝《えきでん》にフルマラソン
体育教師《きょうし》……
漠然《ばくぜん》と夢《ゆめ》もあったけど
高校3年生のとき大ケガをしてしまいあきらめないといけなくなったんだ
これからボクは
何を目指せばいいんだろう……
そんな自分が今はデザイナーをしている
服づくりとスポーツはちょっぴり似《に》ている
GOAL
コツコツ積《つ》み上《あ》げてゴールを目指す方法《ほうほう》はスポーツから学んだことかもしれない
どろだんごもね!!
ゆっくりでもいい自分のペースでゴールを目指せばいいんだよ

得意《とくい》なことじゃなくて、おもしろいことを選《えら》んだっていいんだよ

ポイント

1 苦手なことがあっても、「おもしろそう」と感じた道を選《えら》ぶ

おもしろければ、長く続《つづ》けていけそうだよね。苦手なことがあっても、気にしなくていいんじゃないかな。

2 「向いていないけど好《す》き」なことを続《つづ》けていくと見えてくるもの

苦手なことにはできるようになる喜《よろこ》びがあるけど、得《とく》意《い》なことはできなくて不安《ふあん》になってしまうこともある。かならずしも、得意《とくい》な道を選《えら》ばなくてもいいんだ。

3 過去《かこ》をなぞる勉強をするより未来《みらい》のことを考えよう

好奇心《こうきしん》をもって変化《へんか》を楽しもう！　自分だけの新しいものを生みだすことが、デザインのおもしろさだよ。

苦手だからって、
あきらめなくてもいい。
そこには、できるように
なる喜《よろこ》びがあるんだ

皆川《みながわ》 明《あきら》さん

デザイナー

1967年、東京都生まれ。専門学校卒業後《せんもんがっこうそつぎょうご》、27歳《さい》で「minä perhonen《ミナ ペルホネン》」の前身である「minä《ミナ》」を設立《せつりつ》。衣服《いふく》や家具、器《うつわ》、空間ディレクションなど、日常《にちじょう》に寄《よ》りそうデザインで人気を集めている。

ぼくの中学校・高校時代は、ほとんど陸上競技《りくじょうきょうぎ》一色でした。中学時代は1500メートル走、高校時代は3000メートル走が競技《きょうぎ》の中心で、そのまま体育大学に進んでもっと速く走れるようになりたい、そしてゆくゆくはマラソンが走れたらいいな、と考えていました。

しかし高校3年生のとき、レースの予選《よせん》で足首を骨折《こっせつ》。テーピングをして決勝を走ったことで、さらにケガを悪化させてしまったのです。受《じゅ》験《けん》まで間もない時期に突然《とつぜん》、体育大学への進学も、陸上《りくじょう》を続《つづ》けることもできなくなり、それまで陸上選手《りくじょうせんしゅ》としての道しか考えてこなかったぼくは、進むべき道が見えなくなってしまいました。

じゃあ、次に何をやろう？　陸上《りくじょう》のように長く続《つづ》けられる「次のこと」を見つけようと、高校を卒業《そつぎょう》したぼくはヨーロッパへの長い旅行に出かけました。最初《さいしょ》に訪《おとず》れたのは、高校時代に少し言葉を勉強していたフランスです。まずは語学学校に行って、次に美術《びじゅつ》学校に入ろうかな、とぼんやり考えていました。

1 苦手なことがあっても、「おもしろそう」と感じた道を選《えら》ぶ

目的《もくてき》もないまま外国へ飛《と》びだしたぼくでしたが、たまたま有名なファッションショー、パリコレクションの裏方《うらかた》のアルバイトをすることになったのです。モデルに服を着せたり、服のラインを修正《しゅうせい》したりするというような雑用《ざつよう》でしたが、何もかもが初体験《はつたいけん》でとても新鮮《しんせん》でした。

そしてステージの裏《うら》からショーを見ているうちに、それまで針《はり》を持ったことさえほとんどなかったというのに、**「洋服をつくるのっておもしろそうだな」という気持ちがわいてきた**のです。

そしてしばらくヨーロッパを旅行しているうちに、日本に帰ったら洋服の学校へ行こう、と心が決まりました。

思えば、これがぼくがデザイナーになるきっかけだったのですが、まるで雷《かみなり》に打たれたように「これだ！」とひらめいたわけではなく、「これでいいんじゃないか？」くらいに

思ったのです。

　ぼくは絵をかくことは好《す》きでしたが、ファッションにものすごく興味《きょうみ》があったわけではなく、手先もあまり器用《きよう》ではないので、針仕事《はりしごと》のような細かい作業はどちらかといえば苦手です。このアルバイトをしていたときも、まわりはパリのファッションスクールの学生たちばかりで、ぼくはまったくの素人《しろうと》。しかし、まわりを見ながら一生懸命《いっしょうけんめい》やるうちに、なんとなく「ああ、こういうことか」と、ちょっとずつ覚《おぼ》えていく喜《よろこ》びがありました。

　自分が得意《とくい》なことなら、達成感《たっせいかん》や喜《よろこ》びを感じるまでもなく、すぐにできてしまうわけですが、苦手なことには「ちょっとずつ覚《おぼ》える」「ちょっとずつできるようになる」という、「ちょっとずつ」の段階《だんかい》がたくさんある。つまり何かができるようになるという喜《よろこ》びが、細かくたくさんあるような気がします。だから、ぼくはこの仕事を長く続《つづ》けていけるかもしれない、と思ったのです。

2 「向いていないけど好《す》き」なことを続《つづ》けていくと見えてくるもの

日本に帰って、ぼくは洋服の専門《せんもん》学校に入学しました。「デザイナーになりたい」という意識《いしき》はほとんどなく、卒業《そつぎょう》したら洋服をつくる仕事について、10年後には自分で洋服をつくれる人になりたいな、と思っていました。

　よいデザインをするためには、洋服づくりを学ぶことだけでなく、旅行に行ったり映画《えいが》を見たり、ファッション以外《いがい》の世界もたくさん見て、感性《かんせい》をみがくことが必要《ひつよう》だと思っていました。しかし学校は厳《きび》しく、毎日のように課題《かだい》が山積《やまづ》みです。でもぼくは、自分のやろうと思ったこと、映画《えいが》や旅行を優先《ゆうせん》していました。そんなわけで、課《か》題《だい》もこなせず、出席《しゅっせき》日数が足りず、先生からは「もう学校やめたら？」なんて言われたこともありました。

　でも洋服づくりはもともとぼくの得意《とくい》なことではなかったので、「やっぱり向いていないんだ」と落ちこむこともありませんでした。苦手なことは、そもそも「向いていない」と

得意《とくい》なことができないと不安《ふあん》になる……

苦手なことにはできるようになる喜《よろこ》びがある！

ころからはじまるので、はじめからあまり大きな期待はありません。ただ、長く続《つづ》けていくうちに人並《ひとな》みになったら十分、というふうに思っていたのです。

卒業後《そつぎょうご》は洋服のメーカーに就職《しゅうしょく》し、3年で退職《たいしょく》。アルバイトをしながら、自分のブランドを立ち上げました。10年後には洋服をつくれる人になりたい、と思ってからちょうど10年がたっていました。そして、そこからさらに山あり谷ありの道を歩いて、ぼくのブランド「ミナ ペルホネン」は少しずつ大きくなり、多くの人が名前を知ってくれるようになったのです。

でも、ここはゴールではありません。目標《もくひょう》はこのブランドが100年後にも存在《そんざい》していることなので、今はその準備《じゅんび》期間だと思っています。

10年後…100年後……、いつもそんなふうに考えるのは、陸上部《りくじょうぶ》での経験《けいけん》が影響《えいきょう》しているのかもしれません。ぼくは体が小さく、エース級の選手《せんしゅ》ではありませんでしたが、顧《こ》問《もん》の先生は、食生活の改善《かいぜん》や身長ののびが止まらないようにあまり筋《きん》トレをしないなど、高校や大学、さらにその先のぼくの競技《きょうぎ》生活まで視野《しや》に入れて練習メニューを組んでくれていました。

そして、そういう生活や練習を続《つづ》けているうちに、ぼくも目先の結果《けっか》ではなく、ずっと先にある大きな目《もく》標《ひょう》のために計画を立てて今を進んでいく、という考え方をもつようになったのではないかと思います。

そんなふうにぼくは、いつも遠くの目標《もくひょう》を見つめながら、「あまり向いていないけど好《す》きなこと」をずっと続《つづ》けてきたのです。ぼくからしたら、自分の得意《とくい》なことを続《つづ》けていくほうが、難《むずか》しいんじゃないかとさえ思います。**自分はこれが得意《とくい》、こんな才能《さいのう》がある、と思っていると、仕事を続《つづ》けていく間に「本当にこの道でいいのか？」とか「自分には才能《さいのう》がないんじゃ……」と、不安《ふあん》になって、自分をうたがってしまうときがあるかもしれないからです。**

3 過去《かこ》をなぞる勉強をするより未来《みらい》のことを考えよう

洋服をつくる仕事には、テキスタイル（布《ぬの》）の図案《ずあん》をかく、テキスタイルの素材《そざい》をつくる、洋服の形をつくるといった、いくつかの段階《だんかい》があり、一番楽しいのは、それぞれの変《へん》化《か》の過程《かてい》です。図案《ずあん》や素材《そざい》について考えているときには、「あ、こんなものができた！」というおどろきや達成感《たっせいかん》がありますし、頭の中にあった「考え」という形のないものが、現実《げんじつ》の物質《ぶっしつ》（デザインされた布《ぬの》）になることには、マジックのような楽しさや喜《よろこ》びがあります。

そしてでき上がった布《ぬの》で服をつくる過程《かてい》には、彫刻《ちょうこく》をするような楽しさがあります。さらにその服を着た人が喜《よろこ》んでくれたり、それが何かの役に立ったりしたときなど、うれしいと感じるタイミングがいくつもあります。

将来《しょうらい》ファッションデザイナーになりたいと思っている人にアドバイスをするとしたら、今はあまり具体的《ぐたいてき》なトレーニングをしないほうがいい、ということです。たとえば、デザイン画をたくさんかいてうまくなる、いろんなファッション雑誌《ざっし》や動画を見て流行のスタイルや色にくわしくなるというのは、すべて過去《かこ》のことを知るための方法《ほうほう》です。

それよりも将来《しょうらい》デザイナーになったとき、自分は何をつくるんだろうということだけをつねに意識《いしき》してみてください。するといつの間にか、自分はこういう服や物をつくりたいんだ、ということが見えてくるはず。表面的《ひょうめんてき》なファッションの勉強をしていると、きっとだれかのまねをしたくなってくるのですが、**だれにも似《に》ていないもの、自分だけのものを生みだすことが、デザインの価値《かち》です。**だから、ほかの人がやったことをなぞるような時間はなるべくけずったほうがいい。自分の意識《いしき》に集中し、自分のやりたいことが固《かた》まってから、ほかの人のやっていることや過去《かこ》のことを理解《りかい》する時間をつくればいいと思うのです。

そして、**デザイナーに必要《ひつよう》なのは、才能《さいのう》よりも好奇心《こうきしん》**ではないかと思っています。たとえば筋力《きんりょく》や体格《たいかく》など、もって生まれた能力《のうりょく》に差《さ》があるのはしかたのないことです。でも、物を生みだす能力《のうりょく》は、「手」が持っているわけではなく、頭の中、あるいは心の中にあります。筋力《きんりょく》のない人が筋力《きんりょく》をつけるには、長い期間のトレーニングが必要《ひつよう》ですが、思考は変《か》えようと思えばその瞬間《しゅんかん》にだって変《か》えることができます。無意識《むいしき》のうちに変化《へんか》していることもありますが、昨日《きのう》まではこんなふうに思っていた（見ていた）けれど、今日からはこう変《か》えてみようと、意識的《いしきてき》に、すぐに変《か》えることもできるのです。

デザインというのは、新しいことに気づいたり発見したりする仕事です。つねに「ここから見えてくる新しいものは何だろう」という好奇心《こうきしん》や、変わることをおそれない、変化《へんか》をおもしろがる気持ちが、デザイナーにとっては一番必要《ひつよう》なものかもしれません。

そして「絵がうまいね」というような評価《ひょうか》を受けることには、ちょっと気をつけたほうがいいかもしれません。「うまいね」と言われることで、「こうかけばほめられるんだな」なんて思ってしまうと、そこで変化《へんか》や成長《せいちょう》が止まってしまうことがあるからです。

ぼくは学校でも社会でも、評価《ひょうか》された経験《けいけん》が少ない分、いつものびのびと自由でした。自分より才能《さいのう》のありそうな人がまわりにいても、その人に勝ちたいとか負けたくないというよりは、「どうすればあんなふうにできるんだろう？」「どうすれば差《さ》を縮《ちぢ》められるだろう？」と考えることに関心《かんしん》がありました。

人より自分がおとっていると感じたとき、「くやしさをバネにがんばる」と言う人もいますが、「くやしい」だけで強くなったり、うまくなったりすることはありません。やはり、これまでの自分を何か変《か》えなければ、先へ進むことはできないのです。それなら「くやしさ」よりも**相手を観察《かんさつ》したり、研究したり、自分自身を変《か》えていくことのほうが、ずっといい結果《けっか》に結《むす》びつく**のではないかと思います。

人と比《くら》べてくやしがるより自分を変《か》えていこう！

光が当たってる感じがいいな
風になびくしっぽがかっこいい
金賞
この色は茶色に緑を混《ま》ぜてる…？
ぼくなら、どんなふうにするかな？

編著　WILLこども知育研究所

幼児・児童向けの知育教材・書籍の企画・開発・編集を行う。2002年よりアフガニスタン難民の教育支援活動に参加。2011年3月11日の東日本大震災後は、被災保育所の支援活動を行った。主な編著に『レインボーことば絵じてん』、「絵で見てわかる はじめての古典」シリーズ、『知って調べて考える　SDGsで見る現代の戦争』（以上、Gakken）、「恐怖！おばけやしきめいろブック」シリーズ、「やさしくわかる 性のえほん」シリーズ、「おいしい！ ふしぎ！ 理科実験スイーツ」シリーズ、「やさしくわかる ぼうさい・ぼうはんのえほん」シリーズ（以上、金の星社）など。

参考資料
『世界名言大辞典（新装版）』梶山 健 編著（明治書院）
『論語と算盤』渋沢 栄一 述／梶山 彬 編（国書刊行会）

編集 ● 戸辺 千裕（WILL）／ 橋本 明美
表紙デザイン ● ジュリアーノ 中西（エクサピーコ）
本文デザイン ● 中西 美嘉（エクサピーコ）
イラスト ● 小松 亜紗美（Studio CUBE.）／ 松尾 達
まんが ● 熊谷 まひろ
撮影 ● 政川 慎治（p.2,44）／ Shoji Onuma（p.3,90）
DTP ● 戸辺 千裕・小林 真美（WILL）
校正 ● 文字工房燦光 ／ 中村緑

いろんな人に聞いてみた
「なんでその仕事をえらんだの？」
初版発行／2024年6月

編　著／WILLこども知育研究所
発行所／株式会社 金の星社
〒111-0056　東京都台東区小島1-4-3
TEL 03-3861-1861（代表）
FAX 03-3861-1507
振替 00100-0-64678
ホームページ https://www.kinnohoshi.co.jp
印　刷／広研印刷 株式会社
製　本／牧製本印刷 株式会社

96P 21.0cm NDC370 ISBN978-4-323-07542-6

©Toru Matsuo,Studio CUBE.,Mahiro Kumagai,
WILL 2024
Published by KIN-NO-HOSHI SHA, Tokyo, Japan
乱丁・落丁本は、ご面倒ですが小社販売部宛てにご送付ください。
送料小社負担にてお取り替えいたします。

JCOPY 出版者著作権管理機構 委託出版物
本書の無断複写は著作権法上での例外を除き禁じられています。複写される場合は、そのつど事前に出版者著作権管理機構（電話 03-5244-5088、FAX 03-5244-5089、e-mail: info@jcopy.or.jp）の許諾を得てください。
※本書を代行業者等の第三者に依頼してスキャンやデジタル化することは、たとえ個人や家庭内での利用でも著作権法違反です。